LÜBECKER BUCHT

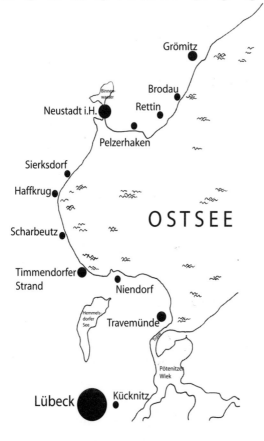

Impressum

© 2010 Windspiel Verlag, Scharbeutz
www.windspiel-verlag.de
Alle Rechte vorbehalten

Lektorat/Korrektorat
Birgit Rentz, Itzehoe
Dietlind Kreber, Scharbeutz

Künstlerische Gestaltung Umschlag
Ingrid Maschke, Neustadt

Skizzen
Karina Schaper, Bliesdorf

Satz und Technik
Martin Kreber, Scharbeutz

Druck
CPI – Clausen & Bosse, Leck

Handlungen und Personen sämtlicher Kurzgeschichten sind frei erfunden. Ähnlichkeiten mit lebenden oder toten Personen sind rein zufällig und nicht beabsichtigt.

Mörderische Ostsee

Hrsg. Dietlind Kreber

Ihr *krimineller* Reiseführer

für die Lübecker Bucht

1

INHALT

Von Grömitz nach Lübeck-Travemünde:

Eine mörderische Reise

entlang der Lübecker Bucht

Vorwort   11

Wenn die Sonne stillsteht   Grömitz
Petra Tessendorf   12

Am kleinen Finger   Brodau - Grömitz
Dorothea Kiausch   31

Zwölf Uhr Mittag   Rettin - Neustadt
Ute Haese   39

Gute Nacht Marie
Renate Schley

Pelzerhaken - Neustadt
58

Vor Rehen wird gewarnt
Renate Schley

Neustadt - Sierksdorf
74

Tödliche Erinnerung
Dietlind Kreber

Scharbeutz - Haffkrug
90

Fleisches Lust
Ute Haese

Timmendorfer Strand
109

Ostseetraum
Dietlind Kreber

Timmendorfer Strand
123

Rendezvous auf der Klippe
Eva Almstädt

Travemünde
137

Von Lübeck über Travemünde nach Niendorf:

Eine nicht alltägliche Fahrradtour

Altweibersommer
Michael Mehrgardt

151

Die AutorInnen stellen sich vor	**174**
Platz für Ihre Notizen	**179**
Danksagung	**189**

Mörderisch gute Ausflüge wünschen Ihnen
die Autorinnen und Autoren
und der Windspiel-Verlag, Scharbeutz

Informationen zu aktuellen (Tatort-)Lesungen
finden Sie unter
www.ostsee-krimi.de

Vorwort

Dieses Buch ist der Beginn einer Kurzkrimireihe für die Lübecker Bucht. Entstanden ist diese Idee beim Lesen eines „normalen" Reiseführers. Wir stellten uns die Frage, warum eigentlich noch niemand auf die Idee gekommen ist, eine kriminelle Ausgabe auf den Büchermarkt zu bringen. So entstand aus der Frage eine Vision, aus der sich nach und nach ein handfestes Konzept entwickelte.

Herausgekommen ist ein Buch, das neben vielen interessanten Informationen über die Badeorte von Travemünde nach Grömitz und die Hansestadt Lübeck auch jede Menge kriminelle Energie enthält.

Lehnen Sie sich entspannt zurück und lassen Sie sich gut unterhalten.

Grömitz

Auf der Halbinsel Wagrien, begrenzt von der Ostsee auf der einen und den sanften Hügeln Ostholsteins auf der anderen Seite, liegt das Seebad Grömitz. Dass ihre Stadt von allen Seiten schön sei, behaupten die Einwohner daher zu Recht.

Schon vor knapp 150 Jahren konnten die ersten Badegäste in Grömitz ein Bad genießen, allerdings wurde dieses in hölzernen Kübeln angeboten, auf Wunsch auch vorgewärmt. Die damals gebräuchlichen Badekarren sind inzwischen den Strandkörben und der Seebrücke gewichen. Eine moderne Strandpromenade ist während der Saison das lebendige Herzstück der Stadt.

Grömitz ist besonders bei Familien beliebt, bietet der Ort neben Strand und Yachthafen auch einen Privatzoo. Und wem die Strandkultur allein nicht ausreicht, der kommt in dem Künstlerdorf Cismar mit seinen Galerien und Künstlerateliers, dem Benediktinerkloster aus dem 13. Jahrhundert oder dem Haus der Natur auf seine Kosten.

Wenn die Sonne stillsteht

Petra Tessendorf

Er schaute sich um, schaute zurück. Ein Glücksgefühl durchfuhr ihn, dass er laut hätte schreien können. Aber er unterdrückte diesen Ausbruch der unbändigen Freude und ließ sich einfach nur in den Rücksitz fallen. Johannes Maendl hatte es geschafft.

Das gelbe Schild „Grömitz 9 km" hatte tief in seinem Innersten eine fest verschlossene Tür geöffnet.

Die Tür zu seiner eigenen Kindheit. Mühelos war sie aufgesprungen und hat den kleinen Hannes herausgelassen, den der erwachsene Johannes bis eben eingesperrt hielt.

Neun Kilometer. Acht, sieben.

Mit sieben war er das erste Mal hier gewesen. Er selbst, sein Bruder, die Eltern. Dann kamen sie jedes Jahr wieder. Der Strand war der eigentliche Ort seiner Kindheit gewesen, viel mehr als sein richtiges Zuhause. Das ganze Jahr musste er davon zehren. Vom Geruch der Strandkiefern, der sich mit dem Duft der Sonnencreme vermischte. Vom tropfenden Eis in der Hand, auf dem von der Sonne aufgeheizten Holzsteg. Er musste mit den Erinnerungen haushalten wie mit der Tüte Bonbons, die er sich immer am letzten Tag des Urlaubs gekauft hatte. Ihm fiel sein Vater wieder ein, der sich auf der gecharterten Yacht volllaufen ließ, so dass er nicht mehr von Bord klettern und ihn oder seine Mutter verprügeln konnte.

In Grömitz waren sie sicher.

Aber da waren auch die Tränen auf der Rückbank des Opels, als sie wieder nach Berlin fuhren. Nach Hause, in den tristen Wohnblock. Grömitz war sein Fluchtpunkt, sein Paradies.

Jetzt lag das helle Band der schnurgeraden Straße vor ihnen in den gefälligen Hügeln, die Hitze flirrte in den Senken. Links hockte das schwarze Skelett der abgebrannten Mühle mahnend auf einem Sockel. Bei Bliesdorf tauchte der blaue Streifen Meer hinter den grünen Buckeln auf. Je näher sie dem Meer kamen, desto höher schlug sein Herz.

Er wunderte sich nicht einmal darüber, dass er so schnell weggekommen war. Drei Minuten hatte er an der Straße gestanden und die Hand gehoben. Johannes Maendl sah gut aus, viel jünger, als er war. Das weiße Cabriolet hatte angehalten. Die beiden Frauen hörten Musik. Es schien eine CD zu sein. Radio wäre nicht gut gewesen. Irgendwas mit „Haus am See".

Daumen raus, ich warte auf 'ne schicke Frau mit
schnellem Wagen.
Die Sonne blendet alles fliegt vorbei.

Wohin er wolle? Egal ..., ans Meer. Oder vielleicht zufällig nach Grömitz? Klar, Grömitz. Steig ein!

Beide Arme auf der Rückenlehne ausgebreitet saß er da und lachte in den Fahrtwind hinein. Im Rückspiegel bemerkte er Annies Augen, die ihn neugierig beobachteten. Sonia schob die weiße Sonnenbrille auf ihr Haar und drehte sich zu ihm um. Der Wind ließ ihr langes blondes Haar durcheinanderwirbeln und Johannes musste an einen Engel denken, der direkt vom Himmel in das weiße, offene Auto gefallen war.

„Worüber freust du dich denn so?", fragte sie, wäh-

rend sie das Haar mit einem blauen Tuch zusammen-
band.

Johannes zuckte die Schultern und strahlte sie einfach nur an. Was hätte er auch sagen sollen. Alles lief
gut. Und die Musik schien für ihn gemacht.

Ich suche neues Land, mit unbekannten Straßen,
fremde Gesichter und keiner kennt meinen Namen.

Das Kribbeln, der kleine Rausch der Vorfreude,
hatte sich ihm bereits bemächtigt. Alles andere würde
ab jetzt von selbst laufen, er würde keinen Einfluss
mehr haben.

Es war bereits früher Abend, als sie in der Stadt am
Meer ankamen. Gemächlich rollte der Wagen durch
die Straßen. Es war immer noch sehr warm. Die Hitze
des langen Sommertages hatte den Asphalt aufgeheizt,
die Urlauber hatten sich Salz, Sonnencreme und Sand
von der geröteten Haut gewaschen und flanierten an
den Restaurants vorbei, auf der Suche nach einem
schönen Plätzchen für das Abendessen.

Annie stellte die Musik ab, Sonia hielt die Zigarette
in der Hand. Durch den Fahrtwind und die laute Musik
war eine weitere Unterhaltung bisher unmöglich
gewesen. Er mochte keine offenen Wagen, aber das
Cabrio war das erste, das angehalten hatte.

„Wo willst du übernachten? Du hast doch ein
Zimmer hier?" Sonia drehte sich nach hinten um und

sah ihren Fahrgast fragend an.

„Ich werde schon was finden."

„Soll das heißen, du hast gar kein Zimmer gebucht?", fragte Annie, die gerade in die Strandallee einbog. „Es ist Hochsaison, du wirst am Strand schlafen müssen."

„Auch okay. Ist mir gleich."

Die beiden Frauen sahen sich mit einer Mischung aus Verwunderung und Belustigung an.

„Ich will den schönen Abend genießen", sagte Johannes, der die Blicke von der Rückbank aus gesehen hatte. „Ich möchte irgendwo essen gehen, dann in einen Club ...", er beugte sich nach vorn, „vielleicht in Begleitung zweier hübscher Damen?"

Wieder sahen sich die Frauen kurz an.

Annie steuerte den Parkplatz des Carat-Hotels an. „Wir sind da. Endlich!"

Sie stellte den Motor ab, streckte stöhnend ihren Rücken, der von der langen Fahrt schmerzte und stieg aus dem Wagen. „Wir könnten hier im Hotel nach einem Zimmer fragen, vielleicht hast du Glück und es ist noch eins frei."

Johannes stieg ebenfalls aus. „Nicht nötig. Ich sage doch, ich werde schon was finden." Er beugte sich noch einmal ins Auto und nahm den kleinen Rucksack. „Ich habe Freunde hier, bei denen kann ich bestimmt unterkommen."

„Du hast aber wenig Gepäck für einen Urlaub am Meer", stellte Sonia fest.

„Ich bleibe ja auch nicht lange", entgegnete Johannes, der jetzt sah, dass alles andere an Sonia ebenso umwerfend war wie das, was er bisher gesehen hatte. Aufreizend, in ihrem rückenfreien Kleid, das seiner Meinung nach viel zu kurz war. Die wie aus Porzellan gegossenen Beine, lang und braun, und sie hatte keine Schuhe an, und er musste sich unheimlich zusammennehmen, um nicht auf diese Beine zu starren. Ein starkes Verlangen überkam ihn, sie zu ermahnen, sie möge doch etwas anderes anziehen. Wie ein Vater, der mit aller Macht verhindern will, dass seine pubertierende Tochter in anzüglicher Aufmachung aus dem Haus geht, und sie womöglich so von anderen Männern gesehen werden könnte.

Sonia war bestimmt nicht älter als zwanzig.

Annie war älter. Sie hatte mehr Erfahrung mit Männern. Das spürte er sofort. Aber, mein Gott, dreißig war sie auch noch nicht. Und schon so viel Erfahrung.

Er merkte, wie ihm der Schweiß ausbrach. Er musste sich jetzt zusammennehmen, schloss die Augen, atmete tief. Ja, es ging wieder. Mit einem Schwung setzte er sich den blauen Rucksack auf die Schulter und wandte sich ab. Er wollte nicht, dass die

Frauen seine Gefühlsregung bemerkten.

Nach einigen Schritten drehte er sich noch einmal um. „Sollen wir nicht gemeinsam etwas essen, später?" Jetzt war er wieder ganz der souveräne Johannes. Und der war es nicht gewohnt, einen Korb zu bekommen.

„Okay." Es war Sonia, die ohne zu zögern zugestimmt hatte.

Annie sah sie fragend an. Bist du sicher?

Johannes hatte es auch gesehen. „Natürlich ist sie sicher", dachte er sofort. Frauen wie Sonia sagen, was sie meinen. Und sie will mit mir den Abend verbringen.

„Also, ich werde auf Thomas warten", bemerkte Annie, während sie die Klappe des Kofferraumes öffnete. „Er wird bald in Grömitz sein, dann könnten wir zusammen was unternehmen. Was meinst du, Sunny?" Sie sah ihre Freundin herausfordernd an. Sag ja!

Sonia dachte eine Weile nach.

Johannes stand abseits, lächelte. Unverbindlich. Er lächelte Sonia an. Sunny.

„Wir könnten schon vorgehen, vielleicht zum Strand, dann schauen wir schon mal nach einem netten Restaurant. Ihr kommt nach, sobald Thomas da ist." Sonia zog ihr Handy aus der Tasche. „Ihr könnt doch anrufen."

Annie knallte den Kofferraumdeckel zu. „Wie du meinst."

Sonias Augen leuchteten, als sie zu Johannes hinübersah. Er erwiderte ihr Lächeln. Hab ich's doch gewusst.

„Ich bring schnell meine Sachen hoch", rief Sonia und nahm ihre Reisetasche. „Bin gleich wieder da."

Johannes schaute sich um, als würde er auf jemanden warten. Dann folgte er den beiden Frauen. „Ich warte unten im Hotel. Lass dir Zeit."

Die Strandpromenade war voll, die Stimmung ausgelassen. Der Sommer hatte seinen Höhepunkt erreicht. Es war Mittsommer. Johannes und Sonia schlenderten in der Dämmerung wie ein Paar. Die Sonne war immer noch nicht untergegangen und zog im Fortgehen eine Schleppe aus Rosa, Rot, Orange und Lila hinter sich her.

„Der Sommer hat gerade erst angefangen und doch werden die Tage wieder kürzer." Sonias Worte klangen fast traurig.

Johannes' Gedanken hatten sich in dem Farbenspektakel am Himmel verfangen. „Ja", seufzte er, „der Höhepunkt ist überschritten, das Schöne wird bald sterben."

Sonia betrachtete ihn von der Seite. „Bist du immer so theatralisch?"

Er zuckte mit den Schultern. „Ist doch so", sagte er trocken.

Sie standen jetzt an der Seebrücke, hatten noch gar nicht daran gedacht, nach einem schönen Restaurant Ausschau zu halten. Johannes deutete auf die Brücke.

„Wir stellen uns ans Ende und warten, bis die Sonne untergegangen ist, ja?"

„Aber dann gehen wir zurück." Sonia griff nach ihrer Handtasche. „Seltsam, dass Annie noch nicht angerufen hat." Sie suchte nach dem Handy, konnte es aber nirgends finden. „Ich könnte schwören, dass ich es eingesteckt habe."

„Vielleicht hast du's im Hotel liegen gelassen?"

„Nein, glaub ich nicht. Wie soll Annie uns denn jetzt

finden?"

„Ach was", winkte Johannes ab. „Wir gehen einmal die Seebrücke rauf, die Sonne ist sowieso gleich weg, dann schauen wir im Hotel vorbei."

„Sie sind bestimmt nicht mehr da", erwiderte Sonia besorgt.

„Dann werden wir sie auf der Promenade finden." Johannes' Ton klang sehr bestimmt und tröstend, und Sonia schien dieser Klang zu beruhigen.

Als sie am Ende der Brücke ankamen, war die Sonne nicht mehr da.

„Man nennt die Sonnenwende auch ‚Sonnenstill-stand'", bemerkte Sonia.

„Ja. Sagt man."

Sonia hatte sich im Hotel umgezogen. Sie trug nun ein korallenrotes Kleid ohne Träger, das unter der Brust gewickelt war. Es war nicht minder aufreizend als das Vorige, und Johannes hätte ihr am liebsten eine Jacke übergelegt, aber er hatte keine Jacke bei sich. Er hatte nur den blauen Rucksack. Alles andere hatte er in der Eile in Lübeck zurückgelassen.

Sie stiegen die Stufen zu dem niedrig gelegenen Steg hinab.

Sie wollten ganz nah am Wasser sein. Sie wollten im Wasser sein.

Irgendwann hatten alle Menschen die Seebrücke

verlassen. Die Sonne war fort und die Menschen waren fort. Sie wollten ans Licht. In die Bars, in die Clubs. Schöne Menschen, braungebrannte Rücken, hochgestecktes Haar.

Auch Sonia trug ihr Haar hochgesteckt. Sie hatte nicht viel Zeit gehabt, weil Johannes ja unten im Hotel gewartet hatte. Deshalb hatte sie es schnell und locker eingeschlagen und befestigt. Es hatte etwas Frivoles und Sinnliches zugleich, wie es so lag, an ihrem Kopf. Als würde es gleich herabfallen. Als würde die lange, blonde Mähne den einzelnen Strähnen folgen, die sich bereits gelöst hatten und auf ihren bronzefarbenen Schultern lagen.

Er biss sich auf die Unterlippe. Ihr Kleid hatte einen seitlichen Reißverschluss.

Ihr helles Haar lag wie gelber Seetang auf dem schwarzen, ölig schimmernden Wasser. Die Dunkelheit hatte ihm all die goldglänzende Farbe genommen. Die strahlende Meerjungfrau hatte sich in ein Geschöpf der Finsternis verwandelt. Wie Schlangen am Haupt der Medusa wanden sich die langen gelben Fäden um Johannes' Hände, als er ihren Hals berührte. Das Wasser war kalt. Ihre Augen ruhten in den seinen und er spürte, dass er langsam zu Stein wurde.

Der Strand war menschenleer, als Johannes an die Wasserkante trat. Das Meer war spiegelglatt. Die Ostsee lag wie ein ruhiger See.

Längst hatte die Sonne auf der anderen Seite der Bucht wieder ihre gewohnte Reise angetreten. „Die blassen Farben und die Klarheit der frühen Morgenstunden haben den Zauber der Abendstunden verscheucht", dachte er und griff nach seinem Rucksack. „Morgens ist der Strand nüchtern und kalt."

Er fror. Er hatte nichts als das langärmelige T-Shirt über dem Kurzärmeligen. Er war durstig. Er öffnete den Rucksack und suchte nach der kleinen Plastik-Wasserflasche. Da hielt er das Handy in der Hand. Er drehte es ein paar Mal hin und her. Es war ausgeschaltet. Er betrachtete es eine Weile und legte es wieder zurück. Ganz nach unten.

Er konnte nicht sagen, wie lange er am Strand herumgelaufen war. Bis zum Yachthafen war er gelaufen, die Stege entlanggeschlendert. Am liebsten hätte er sich in eines der Boote verkrochen und ein wenig geschlafen. In so eines wie dem, in dem der Alte sich ins Delirium soff. Die Nacht war kurz gewesen und er war müde. Er hatte einen Strandkorb gefunden, der nicht abgeschlossen war, doch geschlafen hatte er nicht. Er fühlte sich so leer.

Er musste wieder zurück zur Seebrücke. Sie hatten

gesagt, gestern Abend, als sie am Wasser saßen, dies solle ihr Treffpunkt sein. Ihr Ort für alle Zeiten.

An der Seebrücke hatten sich bereits einige Menschen eingefunden. Kinder waren dabei. Es schien, als warteten sie auf irgendetwas. Dann sah er, dass sich dieses pilzförmige Gebilde seitlich des Steges veränderte. Es schob sich immer weiter aus dem Wasser heraus, bis es in voller Größe vor ihm stand.

Gestern Abend hatte er diese riesige Meduse aus Stahl und Glas nur am Rande wahrgenommen. Jetzt, als die Tauchgondel am Steg angedockt hatte und mit offenem Schott einladend wartete, konnte er nicht widerstehen.

Eigentlich hätte er schon längst aufbrechen müssen. Aber sollte er sich die Gelegenheit entgehen lassen, einmal mit der Nautilus bis auf den Grund des Meeres vorzudringen? Er würde der schlechten und verdorbenen Welt den Rücken kehren. Wie Kapitän Nemo, dessen Abenteuer der kleine Hannes verschlungen hatte. Vor allem, wenn sie in Grömitz Urlaub gemacht hatten.

Es waren noch nicht viele Leute da. Er war der letzte, der einstieg, bevor sich das Schott mit einem dumpfen Schlag schloss. Jetzt gab es kein Entkommen mehr.

Leute liefen eilig auf der Seebrücke. Das sah Johannes noch, bevor das hellgrüne Meer die Gondel umschloss.

Der Pilot der Tauchgondel redete von Schwimmwesten, Brackwasser und Feuerquallen. Nur Wortfetzen kamen bei Johannes an. Die Sonne ließ das grün-gelbe Wasser leuchten wie Bernstein, den man in die Sonne hält. Johannes' Blick folgte einer großen Ohrenqualle, die anmutig vorbeischwebte und mit ihren seidigen Tentakeln kokettierte. Diesen Haaren aus Seide, die man berühren möchte, und die doch nichts als eine Waffe sind. Wie bei einer schönen Frau.

Langsam entfernte sich die Meduse wieder und

ihre Umrisse lösten sich im gleichförmigen Gemisch aus Licht und Sonne auf, und plötzlich, kurz bevor sie ganz verschwunden war, schien es, als griffe eine Hand nach ihr.

Zuerst die Hand, dann formte sich die ganze Gestalt aus dem milchigen Grün des Wassers. Ihr blondes Haar, das über Nacht gewachsen zu sein schien, wiegte sich in der Strömung wie die Tentakel der Aurelia. Die Arme hielt sie nach vorn gestreckt, als wolle sie zu einer kräftigen Schwimmbewegung ausholen. Doch die Arme blieben vorne. In ihrem korallenroten Kleid schwebte sie unendlich langsam an der Gondel vorbei. Ganz nah an seinem Fenster, und es schien, als lächelte sie Johannes an. Dann verschwand sie aus seinem Blickfeld. Ein flüchtiger Zauber, so wunderschön.

Johannes war aufgesprungen und an das nächste Fenster gelaufen. Er drückte seine Hände an die Scheibe, presste sein Gesicht daran, atmete stoß-weise.

Erst der grelle Schrei einer Frau ließ Johannes zu-sammenfahren. Erst die Frau, dann schrie ein Kind. Die anderen Kinder hatten der Erscheinung mit aufgerisse-nen Augen fasziniert nachgestarrt, bis sie von ihren Müttern oder Vätern herumgezerrt wurden, weil sie die schöne Meerjungfrau nicht sehen durften.

Das Stimmengewirr wurde lauter, machte Johannes

Angst, er hielt sich die Ohren zu, doch er hörte es immer noch. Er sank auf dem Sitz zusammen, vergrub den Kopf zwischen den Armen.

Alle anderen konnten sie auch sehen.

Das durfte nicht sein.

Zwischen dem Geschrei hörte man die Stimme des Gondelpiloten, der versuchte, die Leute zu beruhigen. „Keine Panik!" Eine kleine Glocke aus Stahl und Glas unter Wasser durfte kein Ort für Panik sein.

Johannes rührte sich nicht. In seinem Kopf hatte ein lautes, schrilles Sirren alle anderen Gedanken ausgelöscht. Minuten vergingen, die sich anfühlten wie die Ewigkeit. Erst als ihn kräftige Hände unter den Armen packten und ihn behutsam hochzogen, fühlte er sich sicher. Das Klicken der Handschellen kam ihm so vertraut vor wie das metallische Schlagen der Zellentür.

„Da steht er, der Teufel!" Das hatte er noch jemanden flüstern hören. Dann waren alle Menschen verschwunden. Die Beamten hatten sie schnellstmöglich in Sicherheit gebracht.

In Sicherheit? Wovor? Er hatte es doch nur gut gemeint.

Einer der Männer zog gerade ein Handy aus einem blauen Rucksack. Er zeigte es einer Frau, die weinend nickte und die von einem jungen Mann gehalten wurde, der sie tröstend streichelte.

Die ganze Szene hatte etwas an sich, das Johannes zutiefst anwiderte. Diese aufgesetzte Verlogenheit. Auch diesen hübschen jungen Mann, wie hieß er doch gleich, Thomas? Auch diesen Thomas wird dieses dreckige Weibsstück verderben. Schon bald, sehr bald. Und er, Johannes, er würde ihm nicht mehr helfen können.

Das machte ihn sehr traurig.

Zeitungsmeldung, 23. Juni:

Der Straftäter J. M., der wegen Mordes an einer jungen Frau im Jahre 1993 verurteilt worden war und vor kurzem nach Verbüßung seiner Haftstrafe entlassen wurde, hat im Ostseebad Grömitz eine einundzwanzigjährige Studentin aus Münster getötet. Die Leiche der jungen Frau war in den frühen Morgenstunden aus dem Meer geborgen worden. Zu der Freilassung des 43-Jährigen war es gekommen, weil mehrere Gerichte eine nachträgliche Sicherungsverwahrung abgelehnt hatten. Deshalb wurde der Mann, um die Sicherheit seines Umfeldes zu gewährleisten, von mehreren Beamten rund um die Uhr bewacht. Insgesamt waren über dreißig Beamte zu seiner Sicherung abgestellt worden. Während eines Kinobesuches in Lübeck gelang es ihm, seinen Bewachern zu entkommen. Als Beweggrund für seine Taten gab J. M. Hass auf aufreizend bekleidete Frauen an, die er als Ursache allen Übels in der Welt ansieht, und dass er sich berufen fühle, sie dafür zu bestrafen.

Quellen
Auszüge aus dem Lied „Haus am See"
Musik: Vincent Graf von Schlippenbach, David Conen, Pierre Baigorry, Ruth Maria Renner
Text: David Conen, Pierre Baigorry
© 2008 by Fixx & Foxy Publ., Edition, Soular Music GmbH & Co. KG, Hanseatic Musikverlag GmbH & Co. KG

Brodau

Wer keine Kurtaxe bezahlen möchte, findet hier einen fünf Kilometer langen Naturstrand. In landwirtschaftlich traumhafter Umgebung, die auch zu langen Spaziergängen und Radtouren einlädt, steht in Brodau auch eines der ältesten Güter in Deutschland. Es ist denkmalgeschützt und wird von den Eigentümern selbst bewohnt. Für Spaß und Unterhaltung sorgen die Orte Grömitz und Neustadt, die in wenigen Minuten zu erreichen sind.

BRODAU - GRÖMITZ

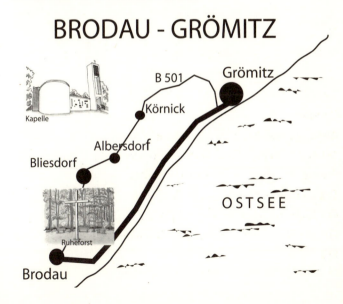

Am kleinen Finger

Dorothea Kiausch

In der Wettervorhersage hatte gestanden, dass es nicht regnen würde, und das tat es auch nicht. Aber niemand hatte mit diesem Wind gerechnet. Gestern noch war der Brodauer Ruhewald ein kleiner, idyllischer Friedhof direkt an der Steilküste mit einem weiten Blick über die Lübecker Bucht. Heute raunte und flüsterte er, jammerte und ächzte und riss die Trauerpredigt aus ihrem Zusammenhang.

Helen war dankbar für diesen Wind, der ihr die Tränen in die Augen trieb. „Erde zu Erde", die Worte des Pfarrers konnte sie nur verstehen, weil sie so bekannt waren. Erwartungsvoll hob sie ihre Augen, blickte den Pfarrer an und hörte, was sie erwartet hatte: „Asche zu Asche", wehte es zu ihr herüber. Dann entfaltete er die Hände und suchte in der Weite seiner flatternden Soutane ein Taschentuch. Nachdem er sich heftig geschnäuzt hatte, beendete er endlich seine Ansprache: „Amen", klang es laut durch die rauschenden Bäume. Zufrieden nickend blickte der Pfarrer in die Runde. Er hatte seine Arbeit erledigt. Zum Abschied umschloss er mit tröstender Geste die kalten Finger der Witwe und machte sich auf den Heimweg.

Helen sah auf und hob dabei ihre Hände. Leicht winkende, fast scheuchende Bewegungen begleiteten zwei kurze Sätze: „Es ist alles vorbei. Sie können jetzt gehen", sagte sie. Ein Rauschen entstand wie bei einem Schwarm schwarzer Vögel, die Trauergemeinde hob und senkte ratlos die Schultern wie Flügel, als sie sich von ihr abwandte.

Endlich war sie allein. Sie stand oberhalb der schmalen, ausgetretenen Stufen der Steilküste, die Lübecker Bucht öffnete sich weit vor ihren Augen. Wellenkämme verwandelten sich irgendwo am Horizont in Wolken. Helen folgte ihnen mit nachdenklichen

Blicken. Dann tastete sie sich vorsichtig über nasse Steine, hielt sich an unzuverlässigen Gräsern fest und war erleichtert, als sie unversehrt unten am Strand angekommen war. Sie war schon oft hier gewesen, aber noch nie mit so unbequemen Schuhen. Ihre Augen richteten sich auf die Füße, suchten vorsichtig einen Weg, den sie jetzt gehen konnte. Schritt für Schritt legte sie einen Teil der Vergangenheit in ihrer Erinnerung ab. Sie prüfte das Gewicht der letzten Jahre, wog seine Belastung ab und warf einen viel zu schweren Stein zurück ins Wasser. Dann hob sie einen glatten Handschmeichler auf und versenkte ihn in den Tiefen ihrer Manteltasche.

Zum Campingplatz Walkyrien führte eine eiserne Treppe die Steilküste hoch. Dort, wo der schmale Feldweg in das Waldstück mündete, stand in einem geschützten Winkel eine Bank. Hier setzte sie sich, blickte auf das Wasser hinunter und begann, sich mit einem klärenden Selbstgespräch endgültig von ihrem Mann zu verabschieden: „Ich habe schon lange gewusst, dass es so kommen würde und kann dir sogar das Datum nennen, an dem meine Bewunderung für dich umschlug in Enttäuschung und innere Ablehnung. Die Szene sehe ich so klar vor mir, als ob es gestern gewesen wäre:

Wir feiern deinen sechzigsten Geburtstag im Apartmenthotel „Strandidyll" in der Nähe des Grömitzer Yachthafens. Einer deiner smarten Freunde aus der Werbebranche hat gerade für einen befreundeten Juwelier einen Slogan entwickelt, den er selbstgefällig in den Raum stellt: ‚Stecken Sie IHREN Erfolg an den kleinen Finger IHRER Frau!'

DAS gefällt euch, ihr lacht satt und zufrieden, aber DU musst noch einen draufgeben. Du legst deinen Arm auf meine linke Schulter, deine Hand bleibt voller Besitzerstolz auf meiner Brust liegen. Zum ersten Mal fühle ich mich unangenehm von dir berührt. Ich bin dreißig Jahre jünger als du, habe kein so selbstsicheres Auftreten und wage nicht, mich aus deiner Umarmung herauszuwinden. Alles, was ich an mir habe, gehört dir, das wird mir plötzlich sehr bewusst, und deshalb fühle ich mich von dir zur Schau gestellt. Du merkst nicht, wie ich unter deiner Berührung erstarre, denn du musst ja die Bewunderung deiner Freunde genießen. „Wie schön du bist", sagst du für alle hörbar, und ich antworte mechanisch und zum Ergötzen deiner Gäste: „Ich leuchte, wenn du dich mit mir schmückst."

Wir sind erst seit einigen Jahren verheiratet. Zu unserer Hochzeit hast du uns eine Ferienwohnung in

Grömitz geschenkt, ein kleines Apartment in diesem wunderschön gelegenen Hotel gehört uns. Meinen Dank zahle ich dir jede Nacht. Am Morgen nach deiner Geburtstagsfeier stellst du mir die Erfüllung eines großen Wunsches in Aussicht. Denkst du an Diamanten, Brillanten, Rubine – an meinem kleinen Finger?

Ich habe nur einen Wunsch, der sich immer mehr in mir ausbreitet: Ich möchte dich loswerden, für immer. Aber ich will auch nicht mit leeren Händen dastehen, als ob es dich nie gegeben hätte.

Wie gerührt du warst, als ich dich bat, regelmäßig mit mir schwimmen zu gehen. Dass du dreißig Jahre älter warst als ich, und deshalb regelmäßiger Sport für dich wichtiger war als für mich, hätte ich niemals als Argument angeführt. Die erotische Belohnung nach jedem Schwimmen war der Garant für deine Zustimmung. Und der kleine Infarkt im vergangenen Jahr? Den hattest du schon längst als Belastungssyndrom in deinem aufzehrenden Banker-Dasein deklariert. Der war also auch kein Hinderungsgrund. Wir würden nie weit hinausschwimmen, nur bis zur Boje, und ich war doch immer in deiner Nähe.

Ich habe mir Zeit gelassen, mich informiert und mir nur als Ziel gesetzt, dass du nicht fünfundsechzig werden solltest, denn Nacht UND Tag hätte ich dich nicht ertragen. Als dann irgendwann im letzten Jahr das Ausmaß deiner Erektion und dein Verlangen „sozusagen nicht mehr kompatibel" waren – wie du es in deinem Fachjargon auszudrücken pflegtest – ging ich zu deinem Apotheker-Freund und kaufte Viagra. Es ist mir übrigens gelungen, auf sein wissendes Lächeln mit zaghaftem Erröten zu reagieren. Die Folgen dieses Medikaments waren für mich einerseits lästig, aber auf der anderen Seite auch eine große Hilfe. Es war sehr einfach, dich – ohne, dass es dir bewusst wurde – ständig zu überfordern.

Du warst in deiner Eitelkeit so berechenbar! Es war eine Kleinigkeit, dich zu langen Fahrten in deinem Sportwagen-Cabrio zu überreden. Sicher hätte dir ein Stau in sommerlicher Hitze in deiner teuren Limousine mit Klimaanlage nicht so zugesetzt. Aber „oben ohne" mit einer attraktiven Frau an deiner Seite, dafür hast du gerne auf den Komfort deines Geschäftswagens verzichtet. An unserem letzten Wochenende hatten wir beide – als wir endlich in Grömitz angekommen waren – nur noch ein Verlangen: Ein kühles Bad in der Ostsee! Völlig überhitzt hasteten wir ins Wasser und schwammen bis weit hinter die Bojen.

Heute bin ich dir für deine Eitelkeit dankbar und auch dafür, dass du ertrunken bist und nicht in meinem Bett ein Opfer meiner ehelichen Pflichten wurdest."

Helen erhob sich von der Bank. Sie nahm den Stein aus ihrer Manteltasche und warf ihn in hohem Bogen in die Ostsee. Bis Grömitz müsste sie nur eine halbe Stunde an der Steilküste entlangwandern, nur zwei kleine Waldstücke versperrten den Blick auf die Promenade des Ostseebades. Dort würden gleich, mit Einbruch der Dämmerung, die Lichter eingeschaltet. Im „Strandidyll" würden bald die Fenster aufleuchten und die zwei überdimensionalen, indirekt angestrahlten Segel am Yachthafen als riesige Wahrzeichen in den Himmel ragen.

Es war Zeit, der Vergangenheit den Rücken zuzukehren und den einsamen Weg durch den Wald einzuschlagen, bevor es zu dunkel wurde. Helen fröstelte und schlug den Kragen hoch. Als sie die Knöpfe ihres Mantels schloss, wischte sie über ihre linke Brust und fühlte, wie darunter ihr Herz schlug.

Rettin

In diesem Badeort wird der persönliche Kontakt zu seinen Gästen besonders großgeschrieben. „In Ruhe den Urlaub genießen" ist hier das Motto. Zahlreiche Bänke laden den Besucher auf der neuen Strandpromenade zum Verweilen ein. Nur wenige Gehminuten vom Ortskern entfernt finden Liebhaber des hüllenlosen Badens ein ruhiges Plätzchen.

RETTIN - NEUSTADT

Zwölf Uhr Mittag

Ute Haese

„Bist du bald fertig, Gerda?"

„Einen Moment noch!"

Herbert stand bestimmt schon in der Diele, wie immer fix und fertig angezogen mit Jacke und Hut, den sie ihm zum Fünfundsiebzigsten geschenkt hatte. Gerda lächelte nachsichtig, während sie noch einmal sorgfältig den Inhalt ihrer Handtasche überprüfte. Jetzt würde ihrem Mann gleich der Geduldsfaden reißen. Der dumpfe Knall der ins Schloss fallenden Haustür, der zweifellos in ganz Rettin zu hören war, bestätigte ihre Vermutung – und vertrieb kurzzeitig die Heiterkeit aus ihrer Miene.

Früher war Herbert nicht so ungeduldig gewesen. Wie aus dem Nichts tauchte plötzlich die Erinnerung an einen Krach auf, als dessen Folge sie beide tagelang geschmollt hatten. Diese Episode hatte sich ganz am Anfang ihrer Ehe zugetragen und war deshalb fast schon gar nicht mehr wahr. Sie war mit dem wöchentlichen Einkauf in Neustadt nicht rechtzeitig fertig geworden, sodass sie deshalb einen wichtigen Termin verpasst hatten. War es ein Arztbesuch in Lübeck gewesen oder hatte es etwas mit Herberts Arbeit als Bürokaufmann bei Schwartau zu tun gehabt? Sie wusste es nicht mehr. Wer von ihnen schließlich das Eis gebrochen hatte, wusste Gerda inzwischen auch nicht mehr. Aber sie konnte sich noch lebhaft daran erinnern, wie sie in der Zeit danach gemeinsam über sich selbst und ihr kindisches Verhalten gelacht hatten. Heute lachten sie nicht mehr so viel. Aber das war schließlich nur normal und lag am Alter.

Im kommenden Jahr würden sie und Herbert bereits Goldene Hochzeit feiern. „Fünfzig Jahre mit einem Mann", hatte Gerda belustigt gedacht, als sie sich an die Planung machte. Das ist ein richtiges Fest auf Gut Sierhagen mit allem Drum und Dran schon wert. Und so wurde schon Monate vorher ein reichhaltiges Mittagessen mit drei Gängen und einer anschließenden üppigen Kaffeetafel bestellt. Anfangs war Herbert von ihren Plänen gar nicht begeistert gewesen, denn mittlerweile hatte er es lieber ein bisschen ruhiger. Doch dann hatte er, knurrig zwar, nachgegeben.

Sie öffnete die Haustür. Herbert stand am Zaun des Vorgartens und unterhielt sich lebhaft gestikulierend mit der Nachbarin. Als er Gerda sah, winkte er sie sofort heran.

„Ich erzähle Frau ... äh ..."

„Bäumer", soufflierte Gerda. Ihre Nachbarn waren erst vor vier Wochen eingezogen, und mit Namen hatte Herbert schon immer seine Schwierigkeiten gehabt.

„Genau", sagte er, und die junge Frau lächelte freundlich. „Also, ich erzähle Frau Bäumer gerade, wie wir uns damals den Schaarweg ausgesucht und in der schlechten Zeit dann hier unser Haus gebaut haben. Es war ja wirklich alles knapp. Da gab es keinen Baumarkt in Neustadt, wo man einfach hingehen und alles problemlos kaufen konnte. Oh nein, da musste man ‚organisieren'!"

Die junge Frau blickte verstohlen auf ihre Armbanduhr.

„Herbert", unterbrach Gerda ihren Mann sanft, „ich fürchte, Frau Bäumer hat jetzt nicht die Zeit ..."

„Ja, ich muss zur Arbeit. Leider", bestätigte die Nachbarin erleichtert Gerdas Einwurf. „Aber was halten Sie davon, wenn wir uns mal einen Abend zusammensetzen? Nachbarn müssen doch zusammenhalten."

„Das wäre schön", meinte Gerda erfreut. „Nicht wahr, Herbert?"

In Wirklichkeit wusste sie genau, dass er mittlerweile solche Einladungen überhaupt nicht mehr mochte. Er kenne die Leute nicht, die wüssten nicht, was ihn interessiere, und er wisse nicht, was sie interessiere. Er redete lieber über Vertrautes, und wenn das schon nicht möglich war, dann schätzte er den unverbindlichen Rahmen, das lockere Gespräch über den Gartenzaun, wo er sein Gegenüber im Zweifelsfall auch einfach mal stehen lassen konnte. Von unbekannten Wohnzimmern samt ihren Besitzern hielt er wenig, was seine Miene auch jetzt recht eindeutig ausdrückte. Gerda stieß ihn unauffällig in die Seite.

„Ja", murmelte Herbert daraufhin gottergeben, „das wäre sicher nett."

„Prima! Sagen wir doch gleich morgen Abend um sieben?"

„Acht", knurrte Herbert prompt. Gerda unterdrückte nur mit Mühe ein Seufzen.

„Ist mir auch recht", zwitscherte die junge Frau, schwang sich aufs Rad – sie kellnerte in einem Restaurant in Pelzerhaken – und winkte ihnen zum Abschied noch einmal zu.

Herbert und Gerda wandten sich um, gingen zum Auto und stiegen ein. Er setzte vorsichtig zurück, und sie fuhren los Richtung Brodau, um von dort aus bei Altenkrempe auf die Autobahn zu gelangen.

„Ich mag Frau Bäumer", fing Gerda gut gelaunt an, als sie in gemächlichem Tempo den Haffkampredder entlangrollten.

„Ja", räumte Herbert ein. „Aber der alte Frank war mir trotzdem lieber."

„Tja …", erwiderte Gerda gedehnt, „tot ist nun einmal tot. Und da oben geht's ihm bestimmt weitaus besser als zuletzt hier unten."

Herbert zuckte lediglich mit den Achseln. Sie fuhr fort: „Du hast bloß keine Lust, die Bäumers zu besuchen, weil dir das schon wieder zu viel ist. Aber ich freue mich richtig drauf."

„Wahrscheinlich gibt's rohen Fisch", orakelte Herbert düster. „Diese jungen Dinger können doch gar nicht mehr richtig kochen. Oder sie sind auf Diät."

„Alter Miesepeter", sagte Gerda, „nun warte erst mal ab. Außerdem ist es doch gut, wenn wir auf unsere alten Tage hin und wieder noch was Neues hören, oder?"

„Ja, stimmt wohl."

„Ich finde das schon!", setzte sie nach und staunte selbst über die Heftigkeit, mit der sie die Worte hervorgestoßen hatte.

„Klar", nickte Herbert, „du musstest schon immer ständig etwas Neues vorhaben."

Gerda wartete mit einer Antwort. Sie wollte ihn nicht ablenken, weil gerade ein Lieferwagen vor ihnen auf die Straße einbog.

„Wie jetzt mit der Couch, meinst du?", nahm sie schließlich den Faden wieder auf.

„Mhm."

Herbert hielt den Kauf eines neuen Sitzmöbels für ihr Wohnzimmer nach wie vor für völlig unnötig, ihr altes Sofa täte es bestimmt noch gut und gern zwanzig Jahre, hatte er ihr in den zurückliegenden Wochen mehrfach erklärt. Und außerdem wisse er ums Verrecken nicht, wozu der ganze Aufwand überhaupt noch gut sein solle. Sie sei einundsiebzig, er selbst fünfundsiebzig, da sei „es" doch abzusehen, und im Himmel brauche man keine Couch. Sie hatte nicht widersprochen, hatte lediglich gewartet, bis er auch noch mit dem letzten Punkt durch war, der da lautete: Die Kinder wollten den ganzen Krempel sowieso nicht haben. Kaum seien sie beide unter der Erde, bestellten die doch gleich einen Container.

„Aber noch sind wir nicht tot, Herbert", hatte Gerda zum x-ten Mal entgegnet. „Du lebst und ich auch. Und ein paar Jahre haben wir bestimmt noch vor uns."

Sie hatte auf den Kauf der neuen Couch bestanden, wie zuvor schon auf die Feier zur Goldenen Hochzeit. Zuletzt hatte er sich dann, nur um weitere Auseinandersetzungen zu vermeiden, auch hier gefügt. Sie machte sich da nichts vor. Wenn sie das Möbelhaus erreichten, war sie mit ihrer Aufregung und Freude allein. Doch zunächst galt es, Herbert sicher dorthin zu lotsen. „Dort vorn müssen wir uns rechts einordnen, um auf die A1 zu gelangen", erinnerte ihn Gerda also ruhig und besonnen.

„Weiß ich doch."

„Ich sag's ja nur."

Einmal war sie nämlich in Gedanken versunken gewesen und hatte vergessen, ihn zu mahnen. Und er hatte es nach einem Beinahe-Unfall auf dem Rettiner Weg direkt in Neustadt erst im allerletzten Moment

selbst gemerkt. Daraufhin hatte er beim Einfädeln zur Auffahrt Neustadt-Süd derart abrupt gestoppt, dass ihr Hintermann eine Vollbremsung hinlegen musste – das Kreischen hatte Gerda noch im Ohr. Im nächsten Moment war er hektisch auf die Abbiegerspur gefahren – begleitet von einem erneuten jaulenden Kreischen eines anderen Wagens – und war zuletzt, Krönung des Ganzen, mittlerweile völlig konfus einer von vorn kommenden Limousine direkt vor den Kühler gerauscht.

Es war sehr knapp gewesen, und Gerda hatte Stunden gebraucht, um sich wieder zu beruhigen. Herbert auch. Sie hatten nie darüber gesprochen, doch seitdem fuhren sie nur noch über Brodau Richtung Altenkrempe auf die Autobahn. Das war sicherer.

Ohne Zwischenfälle erreichten sie den Parkplatz des Möbelhauses. Die Couchabteilung war überwältigend groß. Es gab runde, eckige, hohe, niedrige, bunte, schwarze, gestreifte, altdeutsche und ultramoderne Sitzmöbel. Nach dem dritten Exemplar, das sie gemeinsam begutachteten, machte Herbert schlapp. Er setzte sich einfach hin und schaute treuherzig zu ihr hoch.

„Ich bleibe hier, Gerda. Das ganze Gedöns bringt mich völlig durcheinander. Und du weißt doch, was du willst."

Dann schlug er das rechte über das linke Bein und ließ den Kopf sinken. So konnte er wunderbar schlafen. Mit einem leisen Lächeln, in dem nur ein Hauch von Enttäuschung mitschwang, blickte Gerda auf ihren Mann hinab.

„Gut, Herbert", sagte sie, „ich hole dich, wenn ich etwas gefunden habe."

Erwartungsvoll summend stürzte sie sich ins Getümmel und entdeckte schnell, dass das ganze Chrom- und Designerzeugs nichts für sie war. Eine grau-rosa gestreifte Couch gefiel ihr zwar von den Farben her, aber man saß auf ihr nicht bequem. Doch den Bezug fand sie einfach gut. Er hatte so etwas Unangestaubtes, fast schon Jugendliches. Wenn sie den ...

„Ah, da bist du ja, Gerda."

Sie wirbelte beinahe herum. Ihre Wangen waren gerötet, und ihre Augen blitzten wie die eines jungen Mädchens.

„Herbert, sieh mal! Wie findest du diesen Stoff? Er ..."

„Es ist schon nach elf."

„Ja, und?" Für den Bruchteil einer Sekunde starrte sie ihn verständnislos an. Dann schluckte sie hart, und das Glänzen in ihren Augen erlosch.

„Ja, und!?", wiederholte sie gefährlich leise. Er schien es nicht zu bemerken.

„Na ja", begann er umständlich, „wir brauchen doch eine Stunde, bis wir wieder in Rettin sind. Und da wird es doch bestimmt langsam Zeit ..."

„Wir essen hier, Herbert. Das Möbelhaus hat eine Kantine. Und außerdem", setzte sie ziemlich scharf hinzu, „steht meines Wissens nirgendwo geschrieben, dass der Mensch jeden Tag um Punkt zwölf Mittag essen muss."

Er fügte sich murrend, denn er aß lieber das, was sie kochte. Das kannte er, da stand keine unliebsame Überraschung zu befürchten. Früher hatte Gerda in der Küche gern einmal etwas Neues ausprobiert, hatte sich an italienische Vorspeisen und chinesische Soßen gewagt. Und Herbert hatte es immerhin probiert. Jetzt durfte sie ihm nur noch mit solider Hausmannskost kommen. Gerda seufzte. Um ehrlich zu sein, war das jedoch gar nicht das Schlimmste an der ganzen Kocherei. Viel nervtötender fand sie diese Angewohnheit, nach der Uhr zu essen. Jeden Tag, den Gott werden ließ, Punkt zwölf, nicht früher und nicht später. „Herbert", hatte sie in dem Monat, als er bei Schwartau aufhörte und Rentner wurde, zu ihm gesagt, „wir versklaven uns ja regelrecht, wenn wir dann immer essen müssen. Ich habe manchmal um zwölf noch gar keinen Hunger." Er hatte sie angesehen, als habe sie ihm mitgeteilt, dass sie das nächste Bond-Girl spielen sollte. „Ich schon", hatte er dann in diesem sehr bestimmten Tonfall geknurrt, der keine Widerrede duldete. Sie hatte es nie wieder versucht, doch es fiel ihr zunehmend schwer, sich diesem engen Tagesablauf zu unterwerfen. Wenigstens einmal in der Woche, so hatte sie schon so manches Mal sehnsuchtsvoll gedacht, würde es doch vielleicht auch ein Brot tun.

Sie aßen Frikadellen mit brauner Soße, Salzkartoffeln, Erbsen und Möhren.

„Deine Klopse sind besser", versuchte Herbert die Scharte auszuwetzen. „Und dein Gemüse auch."

„Die Kartoffeln nicht?", erkundigte sich Gerda spitz.

Ihr war durchaus klar, dass er auf diese Weise um gut Wetter bat, aber sie war ihm böse.

Schließlich fanden sie eine Couch, die ihnen beiden

zusagte. Sie war äußerst bequem, wie sogar Herbert brummelnd zugestand, und außerordentlich hübsch bezogen. Und die flauschige Decke als Farbtupfer tat ein Übriges, um Gerdas gute Laune jedenfalls ansatzweise wiederherzustellen. Das Sofa konnte sogar schon nächste Woche geliefert werden, nur mit der Decke haperte es. Es würde ein wenig dauern, bis sie wieder am Lager sei, erklärte ihnen der nette junge Verkäufer. Aber sobald sie da sei, würde er anrufen.

Als sie im Schaarweg ankamen – es war bereits vierzehn Uhr fünfzehn – legte sich Herbert trotz der späten Stunde noch „für ein paar Minuten aufs Ohr", wie er es nannte.

Gerda kochte inzwischen Kaffee, und dabei befand sie, dass der Kauf doch eigentlich befeiert werden müsste. Nach dem Abendbrot würden sie deshalb noch einmal Arm in Arm hinunter zur Promenade schlendern, um aufs Wasser zu schauen und Schiffe zu begucken. Und auf dem Weg dorthin gab es ein Eis! So etwas Verrücktes hatten sie seit Jahren nicht mehr getan, weil er es mit dem Zucker hatte. Doch heute, fand Gerda, würden sie seine Zipperlein einfach einmal vergessen.

„Herbert, bitte nicht", sagte sie daher mit forscher Stimme, als sie das Abendbrotgeschirr abgeräumt hatte und er wie stets zur Fernbedienung griff, um das Schleswig-Holstein-Magazin einzuschalten. Er musste es immer sehen, ganz egal, ob sie Besuch hatten, was selten vorkam, oder der dritte Weltkrieg ausbrach, was glücklicherweise noch nicht geschehen war.

„Ja?", murmelte er geistesabwesend, den Blick bereits unverwandt auf die Mattscheibe gerichtet.

Gerda holte tief Luft, bevor sie entschlossen fragte: „Wollen wir die Kiste nicht einmal aus lassen?"

Er reagierte überhaupt nicht.

„Herbert!", rief Gerda laut.

„Mhm?"

„Stellst du bitte den Fernseher ab!? Heute Abend wollen wir feiern."

Widerstrebend wandte er den Kopf in ihre Richtung.

„Feiern? Was denn?"

„Die Couch, Herbert. Wir haben heute eine wunderhübsche Couch gekauft, die uns beiden gefällt."

„Ja", stimmte er friedlich zu, während sein Kopf – wie von unsichtbaren Fäden gezogen – bereits wieder in Richtung Bildschirm schwenkte. Sekundenlang betrachtete Gerda ihren Mann grimmig. Dann langte sie kurzerhand nach der Fernbedienung und drückte den Aus-Knopf. Schlagartig war es totenstill im Wohnzimmer.

„Gerda!", ächzte Herbert schließlich ehrlich entsetzt. Es hatte eine ganze Weile gedauert, bis er sich wieder so weit gefangen hatte. „Was machst du da?"

„Ich habe den Fernseher ausgestellt. Nichts weiter."

Sie betonte jede Silbe, während sie ihren immer noch fassungslosen Gatten mitleidlos betrachtete. Ihr war noch nie aufgefallen, wie knotig seine Hände bereits waren. Wie bei einem Greis. Ihr kühler Blick wanderte höher. Die schlaffe Haut um seinen Hals erinnerte sie an einen Truthahn, und aus seinen Ohren wuchs ein Büschel borstiger, schwarzer Haare, die sich auf seinem fast kahlen Schädel durchaus gut gemacht hätten. Für einen winzigen Moment sah sie den jungen Herbert auf der Couch sitzen – ein fescher Mann mit dichtem Haar, der das Leben auskostete, wo er nur konnte –, dann verschwand das Trugbild, und sie quetschte hervor: „Vielleicht sollten wir heute doch lieber früh zu Bett gehen. Bei den Bäumers wird es morgen bestimmt später."

Gerda schlief schlecht. Herbert auch. Immer wieder warf er sich von einer Seite auf die andere und stöhnte dabei so laut, als drücke ihn ein besonders heftiger Albtraum. Der Tag musste ja auch schrecklich für ihn gewesen sein, erkannte Gerda hellsichtig: Erst verlangte sie von ihm, dass er eine Couch mit aussuchte, die er partout nicht haben wollte. Dann zwang sie ihn zu einem Mittagessen, das ihm nicht schmeckte, in einer Umgebung, die ihm nicht behagte. Und zu allem Überfluss verpasste er auch noch das erste Mal seit Jahren sein heiß geliebtes Schleswig-Holstein-Magazin, nur weil sie mit ihm spazieren gehen wollte. Sein Leben war aus dem Tritt geraten. Gerda wusste nicht, ob sie weinen oder lachen sollte. Das alles waren schließlich nur Kleinigkeiten, wenn man es genau nahm. Dabei würde sie so gern noch einmal in den Urlaub fahren. Nach Rom! Doch dieser Zug, das wurde ihr schmerzhaft bewusst, während sie in der Dunkelheit an die Decke starrte, war abgefahren, und zwar für immer. In Italien aß schließlich kein Mensch um zwölf Uhr zu Mittag, dort speiste man abends. Und sicher auch nicht unbedingt Kohlrouladen, sondern köstlich ange-

machte Nudeln oder frischen Fisch. Ihr wurde geradezu schwindlig bei der Vorstellung, die Besichtigung des
Petersdoms gegen sechs abbrechen zu müssen, weil
man sich Punkt halb acht vor der Glotze einzufinden
hatte. Erst gegen Morgen fiel Gerda in einen unruhi-
gen Schlaf.

Der nächste Tag verlief ganz nach Herberts
Geschmack. Vormittags gingen sie gemeinsam in Neustadt einkaufen, und das Mittagessen stand pünktlich
auf dem Tisch. Anschließend hielt er in Ruhe seinen
Mittagsschlaf, dann gab es eine Tasse Kaffee und um
halb acht das Magazin.

„Ich habe Kopfschmerzen, Gerda", verkündete Herbert missmutig, als sie ihn danach hochscheuchen
wollte, „es ist bestimmt besser, wenn du allein rüber-
gehst."

„Herbert", in ihrer Stimme lag ein neuer Unterton,
der sie beide unwillkürlich zusammenzucken ließ, „du
kannst dich nicht einfach drücken. Wir haben zuge-
sagt. Basta!"

Er warf ihr einen Blick zu, der deutlich besagte, was
für eine Sklaventreiberin sie war, hievte sich jedoch
ächzend aus der Couch hoch. „Aber das eine sage ich
dir, Gerda: Bis in die Puppen bleiben wir nicht! So neu
sind wir schließlich auch nicht mehr."

„Ich schon", dachte sie trotzig.

Es wäre bestimmt ein schöner Abend geworden, wenn Herbert nicht unentwegt geredet hätte. Er fing mit dem asbestverseuchten Fernmeldeturm an, regte sich über den Campingplatz und die neu gebaute Promenade auf, die beide nur Unruhe ins ehemals so beschauliche Fischerdörfchen brächten, und gab anschließend seiner Hoffnung Ausdruck, dass sich Rettin – jedenfalls zu seinen Lebzeiten – nicht noch weiter in Richtung Großstadt entwickelte.

Anfangs hörten die Bäumers noch aufmerksam zu, nickten interessiert oder stellten höfliche Zwischenfragen, doch nach knapp einer Stunde beobachtete Gerda, dass sie in ihren Sesseln zusammensanken wie Gummipuppen, denen man den Stöpsel gezogen hatte. Es war nun nicht so, dass sie keine Anstalten unternommen hätte, Herbert zu unterbrechen. Sie hatte es sogar mehrmals versucht, doch er fühlte sich in seinem Element, schwamm im eigenen Redefluss wie ein Fisch im Wasser, während die anderen drei vom Ufer aus zuguckten. Schließlich erhob sich Gerda mitten im Lamento über den „Seestern", der seit geraumer Zeit völlig unnötig neumodische Gerichte anbot, packte ihren Gatten am Arm und zog ihn unsanft von seinem Sessel hoch.

In dieser Nacht schlief er tief und fest. Manchmal lächelte er zufrieden, und zwei- oder dreimal lachte er sogar laut auf. „Wahrscheinlich", dachte Gerda bitter, die neben ihm kein Auge zutat, „erzählte er sich in diesen Momenten ungebremster Heiterkeit wieder eine von seinen wahnsinnig komischen Geschichten, die in ein Leben gehörten, das schon lange vorbei war." Sein Leben. Ihres auch. Aber halt noch nicht vollständig. Rom fiel ihr wieder ein. Die Stadt war ihnen durchaus ähnlich. Sie bestand ebenfalls aus Geschichte und Geschichten, besaß antike Bauwerke, Statuen, Bilder und Kirchen im Überfluss – Denkmäler einer langen Vergangenheit mit Höhen und Tiefen. Doch sie lebte auch in der Gegenwart durch ihre Geschäfte, Restaurants, Theater, Märkte, den Lärm und die Hektik. Endlich nickte Gerda erschöpft ein, bis das penetrante Läuten des Telefons sie in aller Herrgottsfrühe aus dem Bett scheuchte. Es war der junge Möbelverkäufer, der ihr mit munterer Stimme mitteilte, dass die Couchdecke bereits eingetroffen sei.

„Prima!", sagte Herbert gut gelaunt, als sie es ihm beim Frühstück erzählte. „Wir fahren gleich los und holen sie ab." Er köpfte schwungvoll sein Sechs-Minuten-Ei, und wie immer landete dabei etwas davon auf der Tischdecke. Sie hatte sie erst gestern frisch aufgelegt. Dann führte er den Löffel zum Mund, und Eigelb tropfte auf seinen massigen Bauch. Es war schwer aus der Strickjacke herauszubekommen.

„Weißt du, Herbert", sie sprach bedächtig, und ihre Stimme zitterte nur leicht, während sie sorgsam ihre Serviette zusammenfaltete, „ich habe noch einiges im Haus zu erledigen. Fahr du doch schnell allein, ja? Und vielleicht nimmst du heute sogar die Strecke über Neustadt. Dann bist du pünktlich zum Mittagessen wieder da."

Sie saß ganz still, nachdem die Polizeibeamten sie endlich allein gelassen hatten. Erst Punkt zwölf stellte sie das Radio an. Eine unbeteiligte Nachrichtensprecherstimme meldete, dass am frühen Vormittag aus bislang ungeklärter Ursache ein 75-jähriger Rentner auf der Eutiner Straße frontal mit einem Sattelschlepper kollidiert sei. Der Fahrer des PKW sei auf der Stelle tot gewesen.

Gegen vierzehn Uhr aß sie ein Stück Brot. Es schmeckte schrecklich fade.

Pelzerhaken

Wer dem Wassersport verfallen ist, für den ist dieser Badeort ein Muss. Kitesurfen, Segeln, Windsurfen, hier ist alles möglich. Unter dem Leuchtturm an der Spitze des Ortes fühlen sich Badenixen am flach abfallenden Sandstrand ebenso wohl wie Sonnenanbeter. Damit ist es aber nicht genug. Über knapp zehn Kilometer erstreckt sich die neue Promenade und verbindet die Orte Neustadt, Rettin und Pelzerhaken nahtlos miteinander — eine Einladung für einen ausgedehnten Spaziergang, Radtouren oder Skaten.

Gute Nacht Marie

Renate Schley

Rudi Rogalla war nie ein Freund spontaner Entschlüsse gewesen. Mit zwanzig lag seine Zukunft, sein gesamtes restliches Leben, mit aller Akribie geplant, glasklar vor ihm – etwas, das ihm das Gefühl von jener Sicherheit vermittelte, die er immer gebraucht hatte und auch immer brauchen würde.

Allerdings hatte Rudi bei seiner detaillierten Planung jene Komponente übersehen, die man gerne „die große Unbekannte" nannte und die in sein Leben stürmte, als er fünfundzwanzig war. In diesem Fall war die erwähnte große Unbekannte eher klein und schmal. Rudi sah sie schon von weitem über die Schiffbrücke auf sich zukommen und hielt sie für ein halbwüchsiges Mädchen. Doch als sie näher heran war, da gab es nicht mehr den geringsten Zweifel an ihrem Alter, ihrem Leben.

Sie hieß Marie, erfuhr er sogleich, kaum, dass sie ihm auf der Neustädter Schiffbrücke in den Weg getreten war. „Mann, ich brauch' unbedingt was zu rauchen, irgendwas", fuhr sie in einer seltsamen Art zu reden fort, bei der sie alle Punkte und Kommas wegließ. „Ich hab' Geld genug, um für jeden Smoke zu bezahlen", sagte sie noch. Rudis erste Reaktion war

Erschrecken. „Was meinst du denn damit?", wollte er wissen, worauf sie nur die Achseln hob.

Rudi bot ihr eine Zigarette an. Was anderes rauchte er nicht.

Sie nahm die ganze Packung und drückte ihm dafür einen Zehn-Euro-Schein in die Hand. Er konnte gerade noch eine Zigarette für sich retten. Dann lehnten sie sich gegen das Brückengeländer, guckten auf das Wasser des Neustädter Hafens hinunter, wobei sie schweigend rauchten, um so festzustellen, dass sie immerhin etwas gemeinsam hatten. Rudi warf ihr von Zeit zu Zeit einen ratlosen Blick zu. Er erinnerte sich nicht, jemals einem so dünnen, erschöpften Menschen begegnet zu sein. Diese Marie schien nicht nur am Ende ihrer Kräfte, sie war außerdem totenblass. Was Rudi nicht wissen konnte, war, dass Maries ganzes bisheriges Leben aus nichts anderem als spontanen Entscheidungen bestanden hatte. Sie war fortan der spontanste Mensch, der jemals seine Wege gekreuzt hatte. „Kann ich mit zu dir?", wandte sie sich an Rudi, nachdem sie in beunruhigender Geschwindigkeit drei, vier Zigaretten nacheinander geraucht hatte. Rudi begriff nicht, was sie mit ihrer Frage meinte, und sah sie deshalb nur stumm an.

Sie stopfte die Packung mit den Zigaretten in die rückwärtige Tasche ihrer verwaschenen Jeans und sagte mit einem kurzen rauen Lachen: „Mann, nun guck' doch nicht so, ich bin weg von meiner Familie, jetzt muss ich irgendwo bleiben!"

Es war ein Abend Ende Mai. Rudi hatte ein Apartment in Pelzerhaken und dorthin nahm er Marie mit. Für eine Nacht, war er überzeugt. Drei Tage später war sie immer noch da. Rudi bestand darauf, dass sie losging, um sich eine eigene Wohnung zu suchen, und das tat sie auch. Sie fand zwei Zimmer mit Balkon direkt am Binnenwasser, gar nicht weit vom Rathaus entfernt, wo Rudi im Ordnungsamt arbeitete. Und manchmal, eigentlich sogar ziemlich oft, wartete Marie auf der Rathaustreppe auf ihn, wenn er Feierabend hatte. Anfangs war ihm das peinlich, aber Marie lachte nur darüber. Es wurde zur Gewohnheit, dass sie immer häufiger dort stand und ihn erwartete. Dann fuhren sie zusammen nach Pelzerhaken in sein

Apartment „Am Sonnenhang", schlichen sich an Rudis Vermieter vorbei, der im Haus gegenüber wohnte und über alles, was Rudi tat, informiert war. Marie fand ihn grässlich, weil er ihr eine Menge Fragen gestellt hatte, nachdem sie ihm einmal auf dem Weg zu Rudi direkt in die Arme gelaufen war. Sie behauptete später, der Idiot, der Max hieß und so um die dreißig war, hätte ihr aufgelauert, aber davon wollte Rudi nichts wissen.

Mitte Juni sagte Marie plötzlich: „Mann, immerzu der Regen hier, ich flieg' nach Mallorca, kommst du mit?" Rudi gab zu bedenken, dass er nicht einfach Urlaub nehmen konnte. Aber solche Einwände wischte Marie großzügig beiseite. „Du meldest dich einfach krank, fang mal heute schon an zu husten und sag' ab und zu was von Halsschmerzen und so, und Mann, wegen Geld musst du dir keine Sorgen machen, ich hab' was."

Sprach's und legte ein ganzes Bündel Hundert-Euro-Scheine auf den Tisch. Als sie Rudis Gesicht sah, lachte sie wie ein Kind, dem eine große Überraschung gelungen war. „Ist nicht geklaut, Mann, hab' ich mitgenommen, als ich von zu Hause weg bin, es gehört meinem Vater und der hat reichlich davon."

Sieben Tage Mallorca, hatte Marie gesagt. Rudi quälten indes Skrupel, nicht nur wegen der Sommergrippe, die er laut Maries Plan im Ordnungsamt vortäuschen sollte, sondern auch wegen Max.

„Wieso das?", fragte Marie sofort.

Sie erfuhr, dass Max immer rechtzeitig wissen wollte, wenn Rudi für längere Zeit wegfuhr, weil er sich dann um seine Wohnung kümmerte. Rudi war vorsichtig mit weiteren Informationen über Max. Marie musste nicht alles wissen, fand er und sah ihr zu, wie sie eine zweite Zigarette anzündete, um sie ihm dann zu reichen. Ihm wurde plötzlich sehr heiß, woran wahrscheinlich die Erkenntnis schuld war, dass er anfing, sich in Marie zu verlieben. Und deswegen wollte auch er jetzt endlich einmal spontan sein und spontan leben, denn – wie sagte Marie immer: Der Mensch muss seine Spontanität ausleben. Rudi fing in diesem Moment damit an.

Es kostete ihn bedauerlicherweise das Leben.

Der Junge keuchte. Es war ziemlich lange her, seit er sich so verausgabt hatte. Seine Beine schmerzten, seine Lunge stach, weil sie an so viel klare Nachtluft nicht gewöhnt war.

Jetzt verließ er mit einem energischen Ruck des Fahrradlenkers den Radweg und fuhr weiter über das oval angelegte Grün des Rasens, der zum Lienau-Park gehörte. Hier war der Boden nach tagelangem Regen weich, die Reifen versanken darin wie ein Messer in weicher Butter. Der Junge begann erneut zu keuchen, während er mit beiden Händen entschlossen den Fahrradlenker umklammerte. Beinahe wütend biss er die Zähne zusammen: Er würde nicht schlapp machen!

Noch einmal trat er mit aller Kraft in die Pedale. Der leichte Wind, der vom Neustädter Hafen herüberwehte, kühlte sein heißes Gesicht. Mit einem Seufzer, der beinahe schon wie ein erleichtertes Schluchzen klang, atmete er jetzt auf, denn in einiger Entfernung tauchten die Schatten der ersten Baumreihe auf. Da war der Park dichter, da konnte er eintauchen, untertauchen in der Dunkelheit und etwas verschnaufen. Keiner würde ihn sehen, nichts würde noch schiefgehen, sobald er die Bäume erreicht hatte.

Er trieb sich an und hatte noch gut zwanzig, dreißig Meter zu radeln. Erneut hetzte sein Blick voraus zu den Pappeln, gerade so, als könnte er die Entfernung schneller und leichter hinter sich bringen, wenn er sein Ziel nur fest genug im Auge behielt. Das Dunkle, Weiche, das in dieser Sekunde direkt aus der Nacht vor seinem Rad auf ihn zu kam, sah er deshalb zu spät. Genau genommen sah er es gar nicht. Er fühlte lediglich, wie der Vorderreifen des Rades über etwas hinwegrollte, das sich erst noch zu wehren schien, dann jedoch nachgab. Das Fahrrad schlingerte leicht, und während der Junge vor Schreck einen Moment lang aufhörte zu denken, zu atmen, zu existieren, gab jenes Dunkle, Weiche einen Ton von sich, der alles in ihm gefrieren ließ.

„Ein Hund", sagte er sich, als er wieder denken konnte. Es war nur ein Hund. Hier rannten ja andauernd irgendwelche Köter herum, auf die keiner aufpasste … „Ja, ja, ein Hund", wiederholte er in Gedanken, fast beschwörend, bittend. Aber vielleicht war es auch etwas ganz anderes. Etwas anderes? Was anderes gab es denn sonst noch? Und wieso sollte dieses Andere mitten in der Nacht hier draußen im Lienau-Park liegen und so grässliche Geräusche machen, denn genau das tat es jetzt wieder. Der Junge sprang vom Rad, sank auf die Knie, während ihm der Schweiß über das Gesicht rann und sein Herz so laut hämmerte, dass er seine eigenen Gedanken nicht mehr hören konnte.

Und dann sah er es. Jenes Andere, das kein Hund war. Es war ein Mensch. Er hatte einen Menschen überfahren. Einer, der stöhnte und voller Blut war. Und der, wie der Junge in diesem Augenblick erkannte, weil die Wolken ein bisschen Helligkeit am Nachthimmel frei gaben, einen eingeschlagenen Schädel hatte.

Ihm wurde schlecht.

Morgens um sieben Uhr war die Welt von Polizeihauptmeister Klüver noch in Ordnung. Er trat seinen Dienst in der Überzeugung an, dass dies ein Tag wie jeder andere sein würde. Auch die Kollegen von der Nachtschicht hatten keine besonderen Vorkommnisse zu melden. Die Erfahrungen vieler Dienstjahre bei der Polizei Neustadt hatten Polizeihauptmeister Klüver jedoch gelehrt, dass sich immer, wenn er sich auf einen ruhigen Tag einstellte, die Ereignisse bald überschlugen. Und so war es dann auch. Das Telefon klingelte. Es war kurz vor zwölf und aus dem Rathaus wurde der Diebstahl eines Fahrrades gemeldet. Genau gesagt, der Bürgermeister höchstpersönlich meldete sein 16-Gänge-Rennrad als gestohlen.

Klüver nahm die Meldung auf und kaum, dass er den Telefonhörer aufgelegt hatte, wurde die Eingangstür aufgestoßen. Eine junge Frau stürzte herein. Klüver sah nur einmal hin und wusste sofort, dass hier Ärger auf ihn zukam.

„Ich möchte eine Vermisstenanzeige aufgeben",
sagte die Frau mit einer Stimme, die viel besser zu
einem Jungen gepasst hätte. Für einen Gruß nahm sie
sich keine Zeit.

„Name?" fragte Klüver.

„Rudi Rogalla."

„Und Sie heißen?"

„Marie Jawlensky." Sie spuckte ihm ihren Namen
förmlich vor die Füße.

Sie konnte einen makellosen Ausweis, der noch
nicht älter als ein knappes Jahr war, vorlegen. Aus
ihren Daten ging hervor, dass sie vierundzwanzig war.
Jawlensky? stutzte Klüver plötzlich. Stand hier tatsächlich das einzige Kind von Gottlieb Jawlensky vor ihm?
Die Erbin jenes Mannes, der als Gottlieb der Große mit
Schrott Millionen gemacht hatte und immer noch
machte? Jawlenskys Betrieb im Industriegebiet der
kleinen Stadt an der Ostseeküste fraß sich seit Jahren
groß und immer größer in die Landschaft, während
der Unternehmer selbst längst in einer Villa am Neustädter Hafen residierte. Darüber hinaus besaß er ein
Ferienhaus an der Sierksdorfer Strandpromenade und
– angeblich – gehörte ihm der größte Teil der Apart-
menthäuser am Binnenwasser.

Dies alles schoss Klüver durch den Kopf, während

er Marie Jawlenskys Personalien aufnahm, um sich ihr dann mit einem aufmunternden „Na, dann erzählen Sie mal!" zuzuwenden. Da war es zwölf und Marie fing an zu reden.

„Dann wollen wir mal zusammenfassen", sagte Polizeihauptmeister Klüver eine halbe Stunde später.

Marie und ihr Freund Rudi Rogalla waren vor einer Woche von Blankensee aus nach Mallorca geflogen. Bedauerlicherweise begann es schon am zweiten Tag ihres Spontanurlaubs erbarmungslos zu regnen. Da keiner der vielen Meteorologen eine Wetterbesserung in Aussicht stellte, beschloss Rudi – schon wieder ganz spontan – dass sie nach Hause fliegen würden. Es gelang ihm, zwei freie Plätze in einem Flieger nach Blankensee zu ergattern. Gestern Abend waren sie auf dem Lübecker Flugplatz angekommen, hatten sich von einem Taxi zum Bahnhof bringen lassen und waren dort in den Zug nach Neustadt gestiegen. Es gab keinen einzigen freien Sitzplatz mehr, denn alle waren besetzt von HSV-Fußballfans, die nach einem Spiel, das ihre Mannschaft verloren hatte, heimkehrten. Unterwegs kam es zu Pöbeleien und Rangeleien zwischen Freunden und Gegnern des HSV. Literweise war Alkohol geflossen.

Was Rudi überkommen war, wusste Marie nicht, aber einmal war er so kühn gewesen, sich einzumischen. Er hatte einen HSV-Fan „hirnlos" genannt und der Hamburger Mannschaft bestenfalls einen Platz unter den ersten zehn in der Tabelle prophezeit … Daraufhin hatte man ihm Prügel, Mord, Totschlag angedroht. Doch zum Glück war der Zug in diesem Moment im Neustädter Bahnhof eingefahren und sie waren der rachsüchtigen Menge gerade noch rechtzeitig entkommen.

Auf dem Weg in die Innenstadt stellte Marie fest, dass sie keine Zigaretten mehr hatte. Rudi machte sich sofort auf die Suche nach einem Automaten. Er wollte nachkommen, hatte er gesagt. Marie sollte ruhig schon zu ihrer Wohnung gehen. In spätestens einer Viertelstunde wollte er auch dort sein.

Also ging Marie am Binnenwasser entlang, beladen mit ihrem und Rudis Gepäck. Völlig erschöpft erreichte sie ihre Wohnung, schmiss sämtliche Gepäckstücke in eine Ecke und fiel auf ihr Bett, um wie tot zu schlafen. Sie schlief fast zwölf Stunden und stellte nach dem Erwachen sofort fest, dass Rudi nicht da war. Als er auch auf ihre zahlreichen Anrufe und SMS auf seinem Mobiltelefon nicht antwortete, hatte sie angefangen, sich Sorgen zu machen. Rudi war gestern Abend gegen 23.15 Uhr spurlos verschwunden. Deshalb wollte Marie ihn jetzt als vermisst melden.

An diesem Punkt angekommen, blickte Polizeihauptmeister Klüver sie nachsichtig an. „Das heißt, Sie haben den jungen Mann zuletzt vor etwa zwölf Stunden gesehen", fasste er nüchtern zusammen. „Könnte doch sein, dass er auf dem Weg zu Ihrer Wohnung noch irgendwo eingekehrt ist und seinen Rausch auf einer Parkbank ausschläft."

Marie schüttelte energisch den Kopf. „Niemals, weil – er hat nämlich gesagt, er will nicht einen Tag früher als vorgesehen zurück in sein Apartment am Sonnenhang, er hat so einen komischen Vermieter, der stellt immer so viele Fragen und mischt sich in alles ein, darum hat er gesagt, er kehrt erst wie vorgesehen am Sonntagmittag gegen zwei Uhr in seine Wohnung zurück."

Klüver räusperte sich. „Liebe junge Dame, nach zwölf Stunden wird bei uns kein Erwachsener als vermisst gemeldet. Wir behalten die Sache natürlich im Auge und melden uns, falls es nötig sein sollte. Ist Ihnen denn noch nicht die Idee gekommen, nach Pelzerhaken zu fahren und nachzuschauen, ob Herr Rogalla nicht doch in seine eigene Wohnung zurückgekehrt ist?"

Marie schüttelte den Kopf.

„Dann rate ich Ihnen, sich erst einmal in beiden Wohnungen davon zu überzeugen, ob Ihr Freund inzwischen nicht doch dort angekommen ist."

Sie schwieg, zögerte. Dann nickte sie. „In Ordnung, aber ich glaube nicht ... es ist doch möglich ..."

„Alles ist möglich", dachte Klüver resigniert, nachdem die Tür hinter der jungen Frau zugefallen war. In diesem Moment klingelte das Telefon. Ein aufgeregter Spaziergänger meldete, dass sein Hund soeben eine Leiche im Lienau-Park entdeckt hätte. Neben einem schwarzen Rennrad liegend. Es war eben tatsächlich immer alles möglich.

Seitdem er SIE das erste Mal gesehen hat, verfolgen ihn pausenlos die Bilder. Er sitzt am Fenster seiner Wohnung und lässt das Apartment auf der gegenüberliegenden Straßenseite nicht aus den Augen. Später versucht er, etwas zu arbeiten, doch es gelingt ihm kaum. Er stellt sich vor, wie IHRE Hand über Rudis Rücken gleitet, während er in seiner Küche den Mülleimer leert und das Wasser aus dem Spülbecken ablaufen lässt.

Irgendwann nimmt er den Schlüssel zu Rudis Apartment, den er ihm gegeben hat, damit er regelmäßig die Blumen gießt. Er sieht, wie Rudi sich vorbeugt, um SIE zu küssen. Er überquert die Straße und schließt zwei Minuten später die Tür auf. Es riecht nach Schweiß und kaltem Zigarettenrauch. In der Küche steht der Gasherd. Er schaltet ihn ein, ohne die Flamme anzuzünden.

Nur noch kurze Zeit und Rudi wird mit IHR in das Apartment zurückkehren. Als erstes werden sie nach den Zigaretten greifen. Er tritt hinaus auf die Straße. Die Luft riecht nach Sommer, heiß und trocken. Er hat Rudi geliebt. Von Anfang an aufrichtig geliebt. Nie hätte er für möglich gehalten, dass alles so schnell vorbei sein würde.

Doch in dem Moment, als er SIE das erste Mal aus Rudis Apartment kommen sah, wusste er, das es vorbei war. Wann immer sie sich jetzt begegnen, sieht Rudi ihn an, als würde er ihn in seinem neuen Leben stören.

In der eigenen Wohnung angekommen, setzt er sich hinter zugezogenen Gardinen an ein Fenster. Von hier kann er den Eingang zum Apartment beobachten. Als er eine halbe Stunde so gesessen hat, fährt plötzlich ein Taxi vor. Er sieht SIE aussteigen, SIE bezahlt, dann rennt SIE die Stufen zu Rudis Wohnung hinauf. Er hält den Atem an. Wo bleibt Rudi? Kann es sein, dass die beiden sich schon getrennt haben? Dass alle Bilder, die in seinem Kopf unterwegs sind, nicht mehr stimmen? Hoffnung erwacht in ihm. Er wagt kaum daran zu glauben, aber auf einmal ist wieder alles möglich. „Rudi", sagt er halblaut, „ich bin hier, ich warte auf dich ..."

Indes schließt SIE auf, die Tür fällt hinter ihr zu und Max am Fenster gegenüber weiß, dass SIE sich jetzt eine Zigarette anzünden wird.

Sie tut es.

Neustadt in Holstein

Umrahmt von den für den Norden so typischen Gebäuden ausgiebig bummeln und shoppen ist einer der Vorzüge der lebhaften Hafenstadt. Das staatlich anerkannte Seebad verfügt über Handels-, Marine- und Yachthafen, in denen es viel zu entdecken gibt. Die Bundespolizei See ist ebenso in Neustadt beheimatet wie die Vorabendserie „Küstenwache", die seit Jahren einen festen Platz im Programmheft einnimmt und damit den Bekanntheitsgrad des Ortes deutlich gesteigert hat. Es besteht die Möglichkeit, das Aufnahmestudio zu besuchen und mit sehr viel Glück kann auch das Schiff besichtigt werden. Genaue Informationen finden Sie im Internet.

Sierksdorf

Wenn Sie etwas Besonderes suchen, sind Sie in diesem Ort gut aufgehoben. Von der romantischen Steilküste bis zu ehrwürdigen Gutshäusern können Sie hier alles finden. Entspannen am feinen Sandstrand, im Hintergrund die sanft vor sich hin wiegenden Segelboote auf der Ostsee – ein Genuss für die Sinne. Auch wer das Abenteuer liebt, muss nicht darauf verzichten: Der Hansa Park mit seinen vielen Attraktionen liegt direkt vor der Tür und ist ein Garant für einen unterhaltsamen Tag in Ostseenähe.

Vor Rehen wird gewarnt!

Renate Schley

Agnes Herzog hatte Gertrude nicht zu sich nach Hause eingeladen. So intim war man schließlich nie gewesen: Agnes empfing nur allerbeste Freunde in der Jugendstilvilla am Jungfernstieg.

Nein, sie traf sich mit Gertrude in der „Wallburg".

„Snobistischer geht es nicht", dachte Gertrude in einem Anflug von Sarkasmus, als sie ihren Citroén vor dem kleinen, aber feinen Neustädter Hotel im Heisterbusch parkte. Natürlich war sofort jemand vom Personal zur Stelle, um ihr den Weg zu weisen. Das wäre gar nicht nötig gewesen, denn Agnes zu übersehen, war schlichtweg unmöglich. Sie thronte in der kleinen Veranda an der Rückseite des Hotels, wie einst die alte Queen Victoria gethront haben mochte anlässlich irgendeines royalen Jubiläums. Gertrude versagte sich jedoch jede anzügliche Bemerkung, als sie Agnes die Hand reichte und sogleich liebenswürdige Konversation zu machen begann:

„Mein Gott, Agnes, es ist eine Ewigkeit her, nicht wahr? Du siehst prachtvoll aus, meine Liebe, wie das blühende Leben. Ja, schade, dass ich neulich nicht rechtzeitig zu Bernhards Beisetzung aus L.A. zurück sein konnte ... Darf ich hier ...? Dir gegenüber? Was trinkst du? Wasser? Nein, ich bitte dich, Agnes, ein winziges Glas Veuve Clicquot darfst du nicht ablehnen. Wir wollen schließlich auf unser Wiedersehen anstoßen, ja?"

Nach diesen Worten hatte sie das hässliche Gefühl, ihr Gesicht müsste bei so vielen, vor unaufrichtiger Freundlichkeit triefenden Phrasen und dem ebenso unehrlichen Lächeln auseinanderbrechen. Also hörte sie damit auf, setzte sich endlich hin und prostete Agnes mit dem Champagner zu: Jetzt hatte sie einen kräftigen Schluck wirklich nötig.

„Du kommst alleine?", fragte Agnes mit einem Blick zur Tür. Gertrude nickte. „Natürlich. Ich lebe seit Gottliebs Tod allein, liebe Agnes."

„Aber es wird doch immer wieder erzählt, dass man dich in Begleitung eines Mannes ...", begann Agnes und wurde sofort von Gertrude unterbrochen: „Das mag so sein. Ab und zu gestatte ich mir eine Affäre. Nur so. Jemand für's Bett, verstehst du?"

Agnes machte nicht den Eindruck, als ob sie verstand. Überhaupt wirkte sie in diesem Moment eher wie jemand, der sich an einen viel zu großen Bissen gewagt hatte und nun daran zu ersticken drohte. Ihre Augen traten leicht hervor, sie wurde erst blass, dann sehr rot, ihr fülliger, faltiger Hals bekam unschöne, hektische Flecken. Gertrude sah sie an und dachte: „Du hast dich nicht zu deinem Vorteil verändert, Agnes! Treibst keinen Sport, wie? Solltest du aber, denn du hast die Tendenz, mit zunehmendem Alter schwabbelig zu werden. So was passiert bei Frauen wie dir schnell. Ein paar Sahnestücke zu viel, ganz zu schweigen von den Cognacs abends beim Fernsehen ... Und, Agnes, wechsle endlich deine Schneiderin! Das Kostüm steht dir nicht. Pepita hat dir noch nie gestanden. Es lässt dich breiter aussehen, als du wirklich bist." Doch das alles sprach Gertrude selbstverständlich nicht aus.

„Wie ... nett", presste Agnes jetzt hervor und wischte die Reste ihres Lippenstifts vom Rand ihres

Glases ab, aus dem sie getrunken hatte. Gertrude suchte indes nach ihren Zigaretten.

Sofort erinnerte Agnes sie streng: „Hier ist Rauchen verboten."

„Das macht ja nichts", erwiderte Gertrude lakonisch. Doch dann hatte sie keine Lust mehr auf einen freundlichen Smalltalk und blickte die andere offen an. „Warum bin ich hier, Agnes?"

Sofort legte sich Agnes' weiches, rundliches Gesicht, das die ersten Anzeichen von Schlaffheit zeigte, in Trauerfalten. „Wegen Sofie, liebe Gertrude, nur wegen Sofie."

„Ach?", zeigte Gertrude sich überrascht, während sie den Zigarettenrauch in die Luft blies. „Hat sie alles gut überstanden, die Arme?"

Agnes hüstelte. „Das weiß ich, ehrlich gesagt, nicht. Sofie benimmt sich so seltsam seit Bernhards Beerdigung. Ihre Tochter – du erinnerst dich an Irene? – erzählt, ihre Mutter hätte sich völlig zurückgezogen und möchte niemanden sehen."

Gertrude runzelte die Stirn. „Jeder reagiert anders auf so einen Schock, Agnes. Sofies ganzes Leben hat sich ja immer nur um Bernie gedreht. Sie kann offenbar ohne ihn nicht leben."

„Das wird sie jetzt aber müssen", sagte Agnes, auf einmal sehr sachlich und ohne jenes mitfühlende Tremolo in der Stimme, mit dem sie bisher alle ihre Worte unterlegt hatte.

Gertrude blickte einen Moment lang aus dem Fenster hinaus auf das Wasser der Neustädter Hafeneinfahrt. Es war später Nachmittag, die meisten Kutter und Segelboote kehrten zu ihren Liegeplätzen zurück. Das Sonnenlicht ließ die Wasseroberfläche leuchten, als wäre sie in Gold getaucht.

„Ja, das wird sie wohl, die arme Sofie", murmelte sie, während sie einer kleinen Jolle mit dem Blick folgte. Und weil Agnes nichts darauf erwiderte, fuhr sie, genauso sachlich, fort: „Wie ist das eigentlich passiert? Mit Bernhards Tod, meine ich. Es kam wohl ganz unerwartet, denn krank war er doch nicht, oder? Davon hätte man ja schon vorher etwas gehört."

Agnes starrte sie an. „Ja, weißt du es denn nicht?", platzte sie dann heraus, als hätte sie nur darauf gewartet, endlich die große Sensation präsentieren zu können.

„Was sollte ich wissen?", fragte Gertrude verblüfft.

„Wie Bernhard Beer umgekommen ist! Das war auf Island. Er und Sofie wollten dort eine Weltreise starten, weil – es sollten ihre zweiten Flitterwochen werden. Du erinnerst dich vielleicht an Bernhards Interesse an Vulkanen? Sofie schrieb mir eine Karte aus Reykjavik und darauf stand, dass Bernhard plane, so weit wie möglich zu diesem Vulkan mit dem unmöglichen Namen hinaufzusteigen. Kein Mensch kann das Wort aussprechen …"

„Wie wahr", murmelte Gertrude. Doch ihre Neugier war geweckt, auf keinen Fall wollte sie Agnes' Redestrom jetzt unterbrechen.

„Ist ja auch egal. Jedenfalls brannte Bernhard darauf, sich den Vulkan aus der Nähe anzusehen. So nah, wie es eben ging."

Gertrude bekam schmale Augen und hatte plötzlich Ähnlichkeit mit einer wachsamen, mageren Katze. „Ach ja", ihre Stimme klang, als spräche sie mit sich selbst. „Der gute Bernie – Gott hab' ihn selig – und seine Schwäche für Vulkanausbrüche, Lavaströme, Schwefelwolken, Ascheregen …"

„Sofie fand es eigentlich immer nur kindisch", brach Agnes mit unbarmherziger Stimme in Gertrudes Gedanken ein. „Aber Bernhard geriet angesichts solcher Naturschauspiele förmlich in Ekstase. Möchte wissen, wieso."

„Möglicherweise hat es ihn sexuell – angeregt?"

„Ein Vulkanausbruch?" Agnes erglühte ein weiteres Mal bis in den Ausschnitt ihrer Seidenbluse.

Gertrude zuckte mit den Schultern. „Eine Eruption, Agnes. So ein Feuer speiender Vulkan hat doch große Ähnlichkeit mit …"

„Meinetwegen", fiel Agnes ihr, nun geradezu erbittert, ins Wort. „Aber warum konnte Bernhard sich nicht damit begnügen, den Vulkan vom Hotelfenster aus zu beobachten? Wieso musste er am zweiten Tag nach ihrer Ankunft in Reykjavik da raufklettern, die bedauernswerte Sofie immer hinter sich wie einen Hund, der brav seinem Herrn folgt?"

Plötzlich wusste Gertrude, was sie als Nächstes zu hören bekommen würde. Sie legte ihre Zigarette im Aschenbecher ab, schob ihr Glas beiseite, als sollte es jetzt nichts mehr geben, was die Entfernung zwischen ihr und Agnes über den Tisch hinweg störte. Sie sah Agnes in die Augen. „Was geschah?"

Da ereiferte Agnes sich gleich noch viel mehr. Ja, sie begann Feuer zu speien wie jener isländische Vulkan, der den toten Bernhard Beer so fasziniert hatte. Nur, dass Bernie in ihr wohl nie einen weiblichen Vulkan gesehen hätte. Agnes war ihm schlichtweg egal gewesen, was man von zahlreichen anderen Frauen nicht behaupten konnte.

Das wusste Gertrude aus eigener Erfahrung nur zu gut. Sie erinnerte sich voller Unbehagen an jene Zeiten, da sie und ihr inzwischen verstorbener Ehemann noch gut befreundet mit Sofie und Bernhard Beer waren und Bernhards Hand sich prompt immer dann auf ihrem Knie einfand, sobald er meinte, dass niemand es bemerkte. Bis Gertrude ihn irgendwann für soviel Unverschämtheit bestrafte, indem sie ihre Zigarette auf seinem Handrücken ausdrückte.

„Sofie konnte sich natürlich wie immer nicht gegen Bernhard durchsetzen!", schnaubte Agnes, bebend vor Zorn. „Er wollte auf den Berg, sie wollte nicht – also wurde getan, was er sagte. So lief das doch immer. Und als sie ziemlich weit oben waren, wohin eigentlich keiner durfte, fing der Berg auf einmal an, sich zu bewegen. Jedes Kind wusste aus den Nachrichten, dass dieser Vulkan gefährlich ist, selbst, wenn er scheinbar friedlich schläft. Aber Bernhard scherte sich nicht darum."

Gertrude hatte unwillkürlich den Atem angehalten. „Der Vulkan spuckte Feuer?", stieß sie hervor.

„Du sagst es", nickte Agnes, nun wieder majestätisch. „Es gab zwar nur eine kurze, aber höchst eindrucksvolle Eruption. Der Berg bebte und zitterte, er warf mit Gesteinsbrocken um sich und – einer davon traf Bernhard. Er war auf der Stelle tot, so die ärztliche Diagnose. Sofie kam mit ein paar Blutergüssen davon. Mein Gott, wenn ich mir vorstelle … Wie entsetzlich muss das alles für sie gewesen sein!"

Sie schwieg sekundenlang, dann beugte sie sich vor, blickte Gertrude an und beschwor sie mit eindringlicher Stimme: „Gertrude, eingedenk unserer

Freundschaft von vor vierzig Jahren, als man uns – dich, mich und Sofie – noch das Kleeblatt nannte, flehe ich dich an: Geh hin und sprich mit ihr!"

Irene, Sofies einziges Kind, kam Gertrude rasch und energisch in der Diele der malerisch an der Strandpromenade in Sierksdorf gelegenen Villa entgegen. Ihr Gesicht hatte etwas Verkniffenes, aus irgendeinem Grund auch Verärgertes. Ihre Lippen waren schmal und wirkten böse, sie konnte sich nur schwer zu einem Lächeln durchringen. „Tag, Gertrude. Es ist kindisch von Mutter, sich bei dir ausweinen zu wollen. Als ob ihr hier sonst keiner zuhört. Natürlich geht es ihr nicht gut. Ich weiß nicht, was sie erwartet. Vater ist noch keine vier Wochen unter der Erde, wir sind alle nicht gerade besonders fröhlich, aber das Leben geht ja schließlich weiter, nicht?"

Irenes Stimme war monoton, auf eine entnervende Art kindlich hell. Gertrude versuchte sich vergeblich vorzustellen, wie diese junge Frau eine Vorstandssitzung des Firmenimperiums leitete – mit dieser Stimme. Doch es war längst bekannt, dass Irene nach dem Tod des Vaters mit so nicht erwarteter Entschlossenheit im leeren Chefsessel Platz genommen hatte – etwas, das ihre Mutter Sofie nie geschafft hätte.

Sofie, die Kleine, Zarte, das Rehlein, die immer ausgesehen hatte wie Audrey Hepburn, nur nicht so groß, erinnerte sich Gertrude nun bekümmert, während sie antwortete: „Vielleicht hole ich sie für ein, zwei Stunden aus ihrer Depression heraus."

Das schien Irene gar nicht gerne zu hören. „Dann hättest du mehr Glück als ich. Ich versuche regelmäßig, mit ihr zu reden, aber sie will immer nur alleine sein."

„Eine verständliche Reaktion auf Bernhards Tod", war Gertrude überzeugt. „Den Ehemann auf so tragische Art zu verlieren, das muss eine Frau erst mal verkraften."

„Er könnte noch leben, wenn er nicht diesen blöden Berg raufgestiegen wäre!", erboste Irene sich. Es schwang wahrlich nicht allzu viel Trauer in ihrer Stimme mit. Aber Gertrude wollte nicht voreilig urteilen, erst recht nicht verurteilen. Irene war nie ein besonders gefühlsbetonter Mensch gewesen, erinnerte sie sich.

„Und überhaupt – Island! Gertrude, ich bitte dich! Wer reist denn auch in ein Land, in dem Vulkane ausbrechen, wenn kein Mensch damit rechnet. Ich habe mich oft gefragt, wie lange das noch gut geht mit meinem Vater und seiner kindischen Leidenschaft für Feuer speiende Krater! Damals auf Haiti ist er nur knapp einer Katastrophe entgangen, du erinnerst dich? Wäre Mutter nicht so besonnen gewesen, ihr Mobiltelefon mitzunehmen …"

Ja. Jetzt erinnerte Gertrude sich wieder. Bernhard Beer wäre fast schon vor vier oder fünf Jahren auf Haiti verunglückt, als er dort auf irgendeinem, angeblich toten Krater herumgeklettert war. Sofie, das Rehlein, das er nie zu schätzen gewusst hatte, bewahrte ihn vor dem Schlimmsten, indem sie gerade noch rechtzeitig einen Notruf absetzte.

Irene warf ihr von der Seite einen undefinierbaren Blick zu. „Und dich hat sie also angerufen, damit du ihr eiskaltes Händchen hältst?"

„Nein, eigentlich hat Agnes Herzog mich gebeten, mal vorbeizuschauen, weil sie sich Sorgen um Sofie macht", korrigierte Gertrude rasch.

Irene verzog das Gesicht. „Ausgerechnet Agnes, das Walross! Die hat doch nie ein gutes Haar an meinem Vater gelassen." Sie blieb vor einer der zahlreichen Türen auf dem Korridor stehen, um anzuklopfen. „Mutter? Gertrude ist hier. Deine … Freundin Gertrude Dahlen."

Hinter der Tür regte sich nichts. Nicht das Geringste. Nein, die Tür wurde nicht aufgerissen, damit Sofie sich schluchzend in Gertrudes Arme werfen konnte. Es blieb einfach nur still. Irene öffnete die Tür schließlich mit einem energischen Ruck und betrat das riesige

Wohnzimmer ihrer Mutter. Es war leer.

Sofie war nicht da. So stellte Irene dann auch nur lakonisch fest: „Weg! Einfach verschwunden."

„Aber wo kann sie denn sein?", wollte Gertrude besorgt wissen.

Irenes Lächeln wirkte düster. „Wo sollte sie schon sein? Da, wo sie immerzu hin will. Sie redet ja den ganzen Tag von nichts anderem."

Gertrude schluckte. „Und wo ist das?"

„Auf dem Südfriedhof, Gertrude. Du kennst dich hier aus? Die Kirchhofsallee mit der Friedenskirche? Da findest du sie. Sie rennt jeden Tag zu Vaters Grab. Als könnte sie noch irgendetwas ändern. Er ist tot. Er kommt nicht zurück. Ich habe allmählich Angst, dass sie irgendwann den Verstand darüber verliert."

„Ich bin dann auch mal weg", murmelte Gertrude und hatte es plötzlich sehr eilig, Sofie zu finden.

Gertrude raste in ihrem Citroén durch die Straßen von Neustadt in die Kirchhofsallee, parkte dort – entgegen aller Regeln – vor dem offenen Tor zum Südfriedhof und stürmte ohne zu zögern durch den Eingang. Sofie selbst wies ihr den Weg zum Grab der Familie Beer. Ihr leuchtend gelbes Kleid sprang Gertrude schon von weitem ins Auge. Es war in dieser Umgebung von Gräbern, Grabsteinen und Trauerweiden weithin zu sehen.

Gertrude, innerlich darauf gefasst, Sofie in Tränen aufgelöst und von Verzweiflung geschüttelt, ja, dem Zusammenbruch nahe vorzufinden, musste erst einmal durchatmen. Schweißnass blieb sie im Schatten einer riesigen, alten Trauerweide stehen – um im nächsten Moment auch schon ein mitfühlendes Aufstöhnen zu ersticken.

Sofie stand am Grab ihres toten Mannes. Sie hatte beide Hände vor das Gesicht geschlagen, während ihre Schultern bebten. Gertrude näherte sich ihr langsam, ja behutsam, um sie nicht zu erschrecken. Doch Sofie hörte sie kommen und streckte ihr eine Hand entgegen, ohne sich umzudrehen. Gleichzeitig kam ein Laut über ihre Lippen, den sie gerade noch zurückdrängen konnte, indem sie sich hastig eine Hand auf den Mund presste. Gertrude glaubte einen Augenblick lang, sich zu irren, aber es gab keinen Zweifel: Sofie lachte. Und nun war es Gertrude, die Hilfe brauchte: Sie griff nach Sofies Hand wie nach einem Rettungsring, während sie mit zitternder Stimme hervorstieß:

„Ich habe dich gesucht … Ich hatte richtig Angst um dich … Mein Gott, was tust du denn hier … in diesem Kleid und … und …" Sie stockte, denn die schreckliche Erkenntnis traf sie wie ein Blitzstrahl: Sofie, das Rehlein, war eine Mörderin!

Gertrude wankte sekundenlang, aber sie fiel nicht. Allerdings musste sie einige Male heftig schlucken, ehe sie feststellen konnte: „Sofie, mir graut vor dir."

Die Freundin tätschelte liebevoll Gertrudes Wange. „Und du hast recht damit", erwiderte sie heiter.

Scharbeutz

Der Badeort für Jung und Alt, in dem es nicht nur entlang der zur Ostsee hin geöffneten Promenade einiges zu entdecken gibt. Mit dem Rauschen des Wassers im Hintergrund Dünengolf spielen, Inlineskaten, im Fitnessparcours trainieren oder ausgiebig bummeln — all das ist hier möglich. Abgerundet wird das neue Gesicht des Ortes durch den erneuerten Seebrückenvorplatz und Promenadenweg, der sich Richtung Timmendorfer Strand durch die Düne schlängelt. Anhänger des Nordic Walking kommen ebenso auf ihre Kosten wie Jogger oder Kletterer, die im Waldhochseilgarten, der im Kammerwald beheimatet ist, hoch hinaus wollen.

Haffkrug

Das einstige Fischerdorf hat sich bis heute seinen ganz eigenen Charme bewahrt. Es gilt als das älteste Seebad an der Lübecker Bucht, das mit feinem Sandstrand und klarem Wasser zum Verweilen einlädt. Das Ambiente der Promenade wird durch geschwungene Formen geprägt. Reet und Seegras sowie ruhige Farben runden das Bild ab. Liebhaber von guten Fischgerichten haben hier die Qual der Wahl und können nebenbei den faszinierenden Panoramablick hinüber zu den Kulissen der angrenzenden Seebäder genießen.

Tödliche Erinnerung

Dietlind Kreber

Sie lenkte den Wagen auf den Parkplatz neben dem Waldfriedhof und schloss erschöpft die Augen. Der erste Kunde war ein harter Brocken gewesen. Aber was konnte man schon von jemand erwarten, der morgens um halb sieben eine Wohnung besichtigen wollte, weil er sonst keine Zeit dafür hatte? Annika seufzte. Irgendwie hatte sie sich den Job als Immobilienmaklerin leichter vorgestellt. Zwei, drei Besichtigungen – und die Kasse klingelt. Ein Irrtum, der sich jeden Tag aufs Neue bestätigte.

Sie stieg aus und schlenderte in Richtung Kammerwald. Der nächste Termin war in einer Stunde, es blieb also genügend Zeit, sich ein wenig die Beine zu vertreten. Annika kreiste mit dem Kopf, um den verspannten Nacken zu lockern und genoss die kühle Luft, die ihr sanft durch die kinnlangen Haare strich. Mit etwas Glück würde sie die schnucklige Ferienwohnung mit Traumblick auf die Ostsee nachher an den Hamburger Kunden verscherbeln. Falls er wirklich so finanzkräftig war, wie er behauptete. Er wäre nicht der erste, der vorgab, in Geld zu schwimmen und dann …

„Entschuldigen Sie bitte!"

Annika zuckte zusammen. Vor ihr stand ein hilflos

wirkender Mann mit schütterem Haar. In der Hand hielt er ein dickes Schlüsselbund, das er heftig hin und her schwenkte. Jetzt erst bemerkte sie den roten Kastenwagen, der links in der Einbuchtung unter den Bäumen stand.

„Sind Sie von hier?", fragte er. Sie schüttelte den Kopf.

„Ich habe diese Schlüssel gefunden und weiß nicht, was ich damit machen soll."

Annika zuckte mit den Schultern. „Meiner ist es nicht. Legen Sie das Schlüsselbund doch einfach dorthin zurück, wo Sie es gefunden haben."

Der Mann runzelte die Stirn. „Ich könnte es mit einer Schnur an das Schild hängen." Er ging zu dem Holzpfahl mit den drei Hinweisschildern, der auf der linken Seite des Waldweges stand.

„Quatsch!", entfuhr es Annika. „Wer sollte es denn dort oben finden?" Als hätte er sie nicht gehört, zog er eine Schnur aus der Jackentasche und befestigte die Schlüssel an der Halterung eines Schildes.

„Wenn ich etwas verloren hätte, würde ich nicht nach oben, sondern nach unten sehen! Wo haben Sie das Bund denn gefunden?" Warum hatte er sie um ihre Meinung gefragt, wenn er nicht auf ihren Rat hören wollte?

Das Gesicht des Mannes verfärbte sich. „Im Gras

direkt vor meinem Wagen", murmelte er. „Ich stecke die Schlüssel in einen Beutel, dann sieht man sofort, dass dort oben etwas hängt." Wieder griff er in seine Jackentasche und zog eine große, durchsichtige Plastiktüte heraus.

Er schien ja für alle Fälle gerüstet zu sein! „Legen Sie das Schlüsselbund dorthin, wo Sie es gefunden haben!", befahl Annika mit hoher Stimme.

Seine Gesichtsfarbe wurde dunkler. „Sie wissen wohl alles besser, was?", brummte er.

„Die Schlüssel sollen doch gefunden werden, oder?", fauchte sie. Annika musste sich auf die Zehenspitzen stellen, um an die Schnur zu kommen. Sie zerriss sie mit einem Ruck. Mittlerweile glich die Gesichtsfarbe des Mannes der einer Aubergine. Entschlossen schritt Annika zu seinem Wagen und legte die Schlüssel auf das Gras. In Gedanken mit dem unmöglichen Verhalten des Mannes beschäftigt, nahm sie die schnelle Bewegung hinter ihrem Rücken viel zu spät wahr.

„Der dreht durch", schoss es ihr durch den Kopf, als sie in seine aufgerissenen Augen sah.

„Meine Damen, schalten Sie einen Gang höher", spornte Hansi Conzelmann seine Nordic-Walking-Gruppe an, die heute ausnahmsweise nur aus Frauen bestand. „So ist es gut, tief einatmen, langsam ausatmen."

Einige Teilnehmerinnen schnauften, während sie sich die leichte Steigung hinaufplagten. Die flache Strecke am Ende des Weges als Ziel vor Augen versuchten sie, Schritt zu halten.

„Wir legen eine kurze Verschnaufpause ein", sagte Hansi mit einem Blick auf die geröteten Wangen, als sie die Anhöhe erreicht hatten.

„Prima, dann verschwinde ich mal kurz", rief Anne und lehnte die Stöcke gegen einen Baum. Ihre braunen Locken wippten wie die Äste eines Korkenzieherbaumes, als sie auf der Suche nach einem geeigneten Plätzchen dem zerfahrenen Weg vor dem Waldhochseilgarten folgte.

„Wer hätte gedacht, dass sie es heute ohne Zwischenstopp schaffen würde?", lästerte Nicole laut und stopfte sich das T-Shirt in die viel zu enge Jogginghose.

„Ich bin wieder da, bevor du deinen Schokoriegel aufgegessen hast", tönte es aus dem Wald. Nicole kräuselte die Nase und verzichtete auf einen weiteren Kommentar. Sekunden später zog ein lautes Knacken die Aufmerksamkeit der Gruppe auf sich. „Aua!", hörten sie Anne rufen. „Ich bin mit dem Fuß im Geäst hängengeblieben."

„Soll ich dir helfen?", rief Nicole und grinste. Hansi warf ihr einen strafenden Blick zu. Die beiden Frauen konnten ganz schön anstrengend sein. Ein Schrei, der ihn an ein verwundetes Tier erinnerte, riss ihn aus seinen Gedanken.

„Hilfe!", kreischte Anne. Diese Tonlage passte nicht zu der Frau, die sonst so schnell nichts aus der Ruhe brachte. „Hansi, ruf die Polizei. Oh nein, das darf nicht wahr sein!"

Wie auf Kommando stürzten die Wartenden los und verharrten dann regungslos wenige Meter von dem Astgewirr entfernt, neben dem Anne mit aufgerissenen Augen nach unten starrte. Durch ihren Sturz hatten sich die Äste verschoben und gaben den Blick auf einen reglosen Körper frei. Ob es sich um einen Mann oder eine Frau handelte, war durch die über den Kopf gestülpte Plastiktüte nicht zu erkennen. Nicole begann zu würgen. Hastig zog Hansi das Handy aus der Tasche. 110.

„Wir haben eine … ähm, … Leiche im Kammerwald gefunden." Er lauschte ins Telefon. „Sie liegt in unmittelbarer Nähe des Waldhochseilgartens. Bitte beeilen Sie sich."

Kommissarin Ilka Schneiderhahn hob das Absperrband, das um den Tatort gespannt war. Ihre

Kniegelenke knackten laut, als sie neben der toten Frau in die Hocke ging.

„Ein wenig Sport könnte dir auch nicht schaden", bemerkte der Polizeiarzt und grinste.

„Zeitmangel, aber das kennst du ja", antwortete Schneiderhahn. „Kannst du mir sagen, wann sie gestorben ist?"

„Ist nicht länger als zwei Stunden her, schätze ich. Der Täter hat sich nicht sonderlich bemüht, die Leiche zu verstecken. Ein paar Blätter und dicke Äste darüber, fertig. Hätte wohl auch funktioniert, wenn nicht eine der Frauen einem normalen Bedürfnis gefolgt wäre."

„Wie ist sie gestorben?"

„Erstickt, mit einer Plastiktüte über dem Kopf."

„Wurde sie vergewaltigt?"

„Bisher habe ich keine Anzeichen dafür gefunden. So vollständig bekleidet wie sie ist, würde ich deine Frage verneinen."

Die Kommissarin nickte ihm zu und ging zu den Frauen, die sich wie eine verängstigte Schafherde zusammengeschart hatten. „Schneiderhahn, Mordkommission. Wer von Ihnen hat die Leiche entdeckt?"

„Ich." Eine Frau mit strubbligem Haar und Erde im Gesicht löste sich aus der Gruppe.

„Können Sie mir ein paar Fragen beantworten?", fragte Schneiderhahn. Die Frau nickte. „Wir setzen uns am besten in den Wagen", schlug die Kommissarin vor und sah sich nach ihrem neuen Assistenten um, der dem Team der Spurensicherung Anweisungen erteilte. „Herr Sifertz, kommen Sie bitte?"

„Frau …?", begann sie, nachdem alle drei im Polizeiwagen Platz genommen hatten.

„Anne Borgemann."

„Frau Borgemann, ist Ihnen etwas aufgefallen, als Sie den Waldweg hinuntergegangen sind? Lassen Sie sich Zeit, bevor Sie antworten. Versuchen Sie, sich zu konzentrieren, jedes Detail ist wichtig."

„Ich habe nichts bemerkt. Ich wollte mich beeilen, damit die anderen nicht so lange warten müssen. Auf dem Rückweg bin ich mit dem Fuß an einem Ast hängengeblieben und …" Anne senkte den Blick und betrachtete ihren Sportschuh.

„Und weiter?", fragte Tobias Sifertz ungeduldig. Schneiderhahn kniff die Augen zusammen. Geduld gehörte wohl nicht zu seinen Stärken.

„Ich konnte mich gerade noch abfangen und wäre beinahe auf die Leiche gefallen … Mein Gott, wenn ich nur daran denke, wird mir schlecht."

Ihr Gesicht glich einem Kalkanstrich. Die Kommissarin klopfte ihr beruhigend auf den Rücken. „Ist Ihnen heute Morgen jemand im Wald begegnet, der sich auffällig benommen hat?" Anne schüttelte den Kopf.

Schneiderhahn sah ihren Assistenten an. „Haben Sie schon die anderen Gruppenmitglieder befragt?"

Wortlos verließ er den Wagen und schlug die Tür zu. Sie sah ihm nach. Seine Empfindlichkeit musste er ablegen, sonst konnte sie nicht mit ihm zusammenarbeiten. „Vielen Dank, Frau Borgemann. Ein Kollege fährt Sie nach Hause. Wenn Ihnen noch etwas einfällt, können Sie mich jederzeit anrufen."

Die Kommissarin überreichte der Frau eine Visitenkarte und sprang aus dem Wagen. Wenn der Mörder sein Opfer erst vor zwei Stunden abgelegt hatte, konnte er noch nicht weit gekommen sein. Jetzt zählte jede Minute.

„Gibt es was Neues?", fragte sie Sifertz, der zwei Spaziergänger im partnerschaftlichen Wanderlook befragte.

„Die Walkinggruppe hat niemanden gesehen und nichts Ungewöhnliches bemerkt. Diese beiden Herrschaften hier kommen gerade aus Timmendorfer Strand. Sie sind außer dem Förster niemandem begegnet."

Schneiderhahn wandte sich an die beiden, die ihren Blick nicht von der Absperrzone wenden konnten. „Von hier aus können Sie die Leiche nicht sehen. Es ist auch kein schöner Anblick, das darf ich Ihnen verraten."

Die Wanderin errötete. „Ich wollte auch nicht …"

„Ja, ich weiß." Jede Diskussion mit Schaulustigen war nur Zeitverschwendung. Sie wandte sich an den Mann. „Ihnen ist also nur der Förster begegnet?"

„Er ist uns vor fünf Minuten mit seinem Jagdhund entgegengekommen. Wir treffen ihn fast jeden Tag, wenn wir unsere Runde machen und haben schon oft nett mit ihm geplaudert. Heute hatte er dafür leider keine Zeit."

Die Frage, ob es sich wirklich um den Förster gehandelt hatte, war damit auch beantwortet. „Sonst ist Ihnen niemand begegnet?"

„Keine Menschenseele."

„Vielen Dank. Mein Kollege wird noch Ihre Personalien aufnehmen, dann können Sie gehen."

In der Ferne war das Knattern eines Motorrades zu hören. „Dass es Leute gibt, die durch den Wald fahren müssen! Sogar einem Wagen sind wir heute begegnet."

Schneiderhahn horchte auf. „Wo war das?"

Der Mann runzelte die Stirn. „Hundert Meter von hier entfernt. Er ist auf den Parkplatz des Waldhochseilgartens gefahren."

„Und um welche Uhrzeit?"

„Gegen halb neun. Wir hatten uns zum zweiten Frühstück auf einen Baumstamm gesetzt, als er vorbeigefahren ist und jede Menge Staub aufgewirbelt hat." Tadelnd schüttelte der Mann den Kopf.

„Was für ein Wagen war das?"

„Keine Ahnung. Grün war er, glaube ich. So ein hässlicher Kastenwagen, die Marke weiß ich nicht."

„Er war rot", verbesserte ihn seine Frau. „Das weiß ich genau. Es ist mir aufgefallen, weil er doch ein gelbes Kennzeichen hatte. Gelb und rot, das passt nicht zusammen, habe ich mir noch gedacht."

Die linke Hand der Kommissarin begann zu kribbeln. „Ein gelbes Kennzeichen?"

„Genau. Und direkt darüber klebte ein weißes Schild mit den Buchstaben ‚DK'. Für Dänemark", fügte sie stolz hinzu.

„Sie sind eine gute Beobachterin", lobte Schneiderhahn und warf ihrem Assistenten, der hinter dem Rücken der Frau genervt die Augen verdrehte, einen warnenden Blick zu. „Mein Kollege wird Ihre Aussage aufnehmen. Wir melden uns bei Ihnen, wenn wir weitere Fragen haben."

Sie zog das Handy aus der Jackentasche und wählte die Nummer der Verkehrspolizei. „Ihr seid doch Spezialisten in Sachen Autokennzeichen?", fragte sie. „Dänische Fahrzeuge mit gelben Kennzeichen, gibt es die noch?" Sie lauschte. „Danke, Sie haben mir sehr geholfen."

Schneiderhahn sah sich nach dem Leiter der

Spurensicherung um und entdeckte ihn, als er in den Wagen steigen wollte. „Kannst du mir sagen, ob der Fundort der Leiche auch der Tatort ist?"

„Höchstwahrscheinlich nicht. Es gibt keine Kampfspuren. Wir haben aber neben den Reifenspuren auch tiefe Fußabdrücke gefunden, die darauf hinweisen, dass jemand etwas Schweres getragen hat. Genaueres kann ich dir sagen, wenn wir alles ausgewertet haben."

Die Kommissarin bedankte sich zum zweiten Mal an diesem Morgen und tippte eine weitere Nummer in ihr Handy. „Wir brauchen alle verfügbaren Einsatzwagen. Unser Täter kommt wahrscheinlich aus Dänemark und fährt einen roten Kastenwagen mit gelbem Kennzeichen. Ich gehe davon aus, dass er sich noch in Scharbeutz oder in der näheren Umgebung aufhält." Sie steckte das Handy zurück in die Tasche.

„Glauben Sie wirklich, der Mörder fährt in aller Seelenruhe in der Gegend herum und genießt die Aussicht aufs Meer?"

Schneiderhahn drehte sich langsam zu ihrem Assistenten um. „Als erstes merken Sie sich, dass ich ungern von hinten angesprochen werde. Und zweitens, ja, ich glaube, dass der Mörder noch in der Nähe ist."

Tobias schob die Unterlippe vor und schwieg.

„Nehmen wir an, unser Täter saß in dem roten Kastenwagen. Was hatte er dann hier zu suchen?", überlegte sie laut.

„Vielleicht gefällt ihm die Gegend", brummte Sifertz.

„Das gelbe Kennzeichen weist auf eine gewerbliche Nutzung des Wagens hin, sagen die Kollegen von der Verkehrspolizei. Er könnte also beruflich unterwegs sein. Wenn das so ist, wird er seiner Arbeit nachgehen wollen. Sonst müsste er seinem Kunden erklären, warum er nicht gekommen ist. Und das wird er unter allen Umständen vermeiden."

„Er könnte im Wald einfach nur eine Pause gemacht haben und längst in Puttgarden oder Travemünde sein."

„Der Mörder kennt sich hier aus. Wenn er das nicht tun würde, dann hätte er die Leiche einfach liegengelassen und wäre abgehauen. Er hat gewusst, dass am Ende dieses Waldweges die Parkplätze vom Waldhochseilgarten und den Ostseethermen liegen, über

die er gefahrlos verschwinden kann. Kommen Sie, wir sehen uns das gleich mal an." Schweigend folgten sie dem Waldweg.

„Er ist durch eine Schranke versperrt", sagte Sifertz als sie den Parkplatz erreicht hatten und konnte den Triumph in seiner Stimme nicht verbergen.

„Wer hineinfahren kann, kommt auch von der anderen Seite wieder heraus", konterte Schneiderhahn.

„Und wenn ihm der Förster begegnet wäre?"

„Dann hätte er sich etwas einfallen lassen. Zum Beispiel, dass er sich den Waldhochseilgarten ansehen wollte. Das Risiko war nicht so groß wie der Wunsch, die Leiche so verstecken, so dass sie zumindest nicht gleich gefunden wird. Deshalb glaube ich ja auch, dass er noch in der Gegend ist", antwortete sie ungehalten und warf einen Blick auf die Uhr. Die letzte halbe Stunde war wieder nutzlos verstrichen. Ihr Handy klingelte.

„Schneiderhahn." Während sie zuhörte, entspannten sich ihre Gesichtszüge. „Danke, Kollegen, wir kommen", sagte sie und beendete das Gespräch. „Sie haben den Wagen gefunden. Er steht in Haffkrug,

im Waldweg", informierte sie ihren Assistenten und warf ihm den Autoschlüssel zu. „Sie fahren!"

Ohne weiter auf ihn zu achten, folgte sie dem Weg vorbei am Waldhochseilgarten zurück zu ihrem Wagen und ließ sich auf den Beifahrersitz fallen. Die Fahrertür öffnete sich. „Kompliment, Sie hatten den richtigen Riecher!", bemerkte Sifertz anerkennend, bevor er den Motor startete.

Das Lob klang aufrichtig. Vielleicht musste sie sich einfach nur an ihn gewöhnen. Nach der langen Zusammenarbeit mit seinem Vorgänger, der vor einem Monat in den Ruhestand gegangen war, keine einfache Angelegenheit. Sie rasten über den trockenen Waldweg und zogen eine Staubwolke hinter sich her.

„Wenn das unsere Wanderer sehen würden", bemerkte Sifertz. Schneiderhahn grinste.

In der Strandallee hatte keiner der beiden einen Blick für die neue gestaltete Dünenlandschaft, hinter der sich die Ostsee wie ein blaues Strandlaken erstreckte. Kurz nachdem sie in den Waldweg eingebogen waren, tauchte der rote Kastenwagen auf. Das Kribbeln in ihrer Hand machte sich wieder bemerkbar. Die Kommissarin stieg aus und ging neben dem Hinterreifen des Wagens in die Hocke. Ein kurzer Blick genügte.

„Haben Sie Ihre Waffe dabei?", fragte sie Sifertz.

Er klopfte auf den Schulterhalfter, der sich unter der Jacke verbarg. Ein Streifenwagen fuhr an ihnen vorbei und hielt ein Stück weiter vorne. „Bringen wir es hinter uns", sagte Schneiderhahn.

Eine ältere Dame öffnete die Tür.

„Entschuldigen Sie bitte die Störung. Wir suchen den Fahrer des roten Wagens, der vor Ihrer Tür steht."

„Ist etwas nicht in Ordnung?"

„Ich habe beim Einparken den Kotflügel beschädigt", log die Kommissarin.

„Ach, du meine Güte, da wird sich mein Neffe bestimmt aufregen. Es ist nicht sein Wagen. Er kommt einmal in der Woche her und hilft mir, das Haus in Ordnung zu halten. Gestern Abend ist sein Polo nicht angesprungen, deshalb hat er sich den Firmenwagen von seinem Chef geliehen. Er ist ein so lieber Junge, ich kann mich immer auf ihn verlassen."

„Das glaube ich Ihnen", sagte Schneiderhahn und wurde das Gefühl nicht los, dass dem guten Jungen gar nichts anderes übrig blieb.

„Kommen Sie herein."

Sie folgten ihr ins Esszimmer. Ein Mann Ende fünfzig saß am Tisch und löffelte eine dampfende Suppe.

„Seitdem seine Mutter vor einem Jahr so plötzlich verstorben ist, kümmern wir uns umeinander. Nicht wahr, Holger?" Sie tätschelte ihm die rosige Wange.

„Reg dich jetzt bitte nicht auf. Die Dame hat deinen Wagen beschädigt."

Der Mann, den sie Holger genannt hatte, blickte von Schneiderhahn zu ihrem Assistenten, dann wieder zu ihr, legte den Löffel zurück in den Suppenteller und stand bedächtig auf.

„Wollen wir uns den Schaden ansehen?", fragte er. Dann küsste er seine Tante auf beide Wangen. „Ich sorge dafür, dass sich jemand um dich kümmert."

Die alte Dame griff nach seinem Arm. „Was redest du da?"

„Warten Sie bitte hier", bat die Kommissarin und zückte ihre Dienstmarke. „Mein Kollege wird Ihnen alles erklären." Sie gab Sifertz ein Zeichen und wandte sich an den Mann. „Wie ist Ihr Name?"

„Holger Tieler."

„Gehen wir, Herr Tieler."

Er senkte den Kopf und ging mit schleppendem Schritt hinaus. Am Gartentor drehte er sich noch einmal um und betrachtete die schmale Gestalt hinter den Gardinen.

„Sie war immer gut zu mir. Anders als ihre Schwester, die mich in die Welt gesetzt hat." Er griff nach Schneiderhahns Arm. Seine Augen glänzten. „Heute Morgen …, ich wollte die Frau nicht töten, das müssen Sie mir glauben. Doch dann war da diese schrille

Stimme, der Befehlston, der jeden Widerspruch erstickt."

Mit zitternden Fingern öffnete er das Tor. „Es ist
einfach passiert."

Das Kribbeln in Schneiderhahns Hand glich Nadel-
stichen. Sie schluckte. „Ihre Mutter ...?"

Wieder suchten seine Augen die Umrisse am Fenster. Er hob die Hand zu einem kurzen Gruß. „Nicht
hier. Lassen Sie uns gehen."

Timmendorfer Strand

Was erwarten Sie von einem mondänen Badeort?

Edle Hotels, Lifestyle, Kultur, Events, Sterne-Gastronomie und exklusives Shoppen? Dann sind Sie im Timmendorfer Strand gut aufgehoben. Ob im Winter oder in den heißen Sommermonaten, hier herrscht jederzeit Hochsaison. Bei einem Bummel über die in diesem Jahr neu gestaltete Promenade mit einem phantastischen Blick über die Lübecker Bucht fällt es Ihnen leicht, den Alltag hinter sich zu lassen.

Ausflüge zur „kleinen" Schwester Niendorf, zum tiefsten See Deutschlands im Hinterland — dem Hemmelsdorfer See — oder in die unberührte Natur werden Sie ins Schwärmen bringen und Ihren Urlaub zu einem unvergesslichen Erlebnis machen.

TIMMENDORFER STRAND

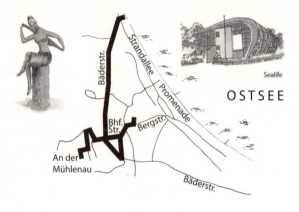

Fleisches Lust
Ute Haese

Der Junge stand nackt vor dem Spiegel und betrachtete seinen Körper mit geradezu religiöser Andacht. Ganz langsam winkelte er den rechten Arm an, ballte die Hand zur Faust und stieß einen kleinen beglückten Seufzer aus, als sein Bizeps tatsächlich sichtbar anschwoll. Er wiederholte den Vorgang linksseitig mit demselben beseligenden Ergebnis und widmete sich dann ebenso hingebungsvoll dem Großen Pectoralis. Waahn-sinn! Wie Arnie Schwarzenegger in längst vergangenen Zeiten.

Felix lächelte. Na ja, fast. So stark wie der war er bestimmt noch nicht. Aber das spielte eigentlich auch keine Rolle. Er wollte schließlich nicht die Welt retten, sondern nur cool und nicht mehr wie ein Wickelkind mit Babyspeck aussehen. In Timmendorf waren ziemlich viele cool. Da zeigte man sich und das, was man hatte. Na ja, bald würde er es tatsächlich auch geschafft haben. Bis auf den kaum noch wahrnehmbaren Ring um seine ansonsten schmalen Hüften war das Fett tatsächlich komplett verschwunden. Nichts schwabbelte mehr an seinem Körper. Alles war fest, so fest, dass aus der Clique gewiss bald niemand mehr „Mohops!" bei den Superrutschen in der Ostseetherme hinter ihm herbrüllen würde. Und das zu wissen, tat ziemlich gut. Doch das Allerwichtigste war natürlich Dina. Sie hatte damals, als sie sich zufällig an der Promenade bei den Meeresviechern trafen – dort auf dem Platz, wo die Frau sich den Rücken abtrocknet, er

wusste es noch ganz genau – regelrecht durch ihn hindurchgesehen; als wäre er aus Glas, als wäre er ein Nichts, ein – zugegeben bislang fetter – Niemand.

Erneut ließ Felix seine Brustmuskeln spielen. Wow! Er grinste breit und so zufrieden wie ein Kater vor dem Mauseloch. Für das Frühjahr konnte er sich wirklich eines dieser Muscle-Shirts zulegen und sich damit am Strand zeigen. Dann würden auch Dina endlich die Augen aufgehen.

Gut gelaunt kniff er sich in das verbliebene Rettungsringlein, das seinen Körper – noch – von einem echten Body trennte. Weitere vier Wochen Fitnessstudio sowie härtestes Lauftraining in dem Gelände hinter der Waldkirche würden auch diesen letzten Wulst garantiert zum Schmelzen bringen. Dann würde er lässig auf der Promenade joggen; vom Sealife Center bis

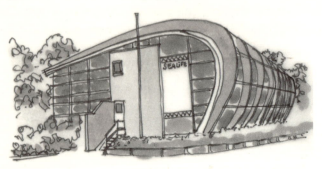

zur Ostseetherme und zurück.

Denn dann würde er es endgültig geschafft haben. Dann würden ihn die anderen nicht mehr links liegen lassen oder blöd anmachen, und Dina, die würde vielleicht sogar irgendwann mit ihm sprechen.

Felix griff nach Handtuch, Gel und Lotion und marschierte pfeifend in die Dusche, um den mittlerweile abgekühlten Körper von der salzig-stumpfen Schweißschicht zu befreien.

Mein Gott, wo blieb der Junge denn bloß wieder? Helga Gottlieb schaute bereits zum vierten Mal innerhalb einer Viertelstunde aus dem Fenster Richtung Kurpark. Wenn Felix nicht gleich erschien, würde das Essen verkocht sein, und dabei hatte sie sich gerade heute besondere Mühe gegeben, obwohl sie das natürlich immer tat, seit er bei ihr in Timmendorf wohnte. Aber in letzter Zeit hatte sie zunehmend den Eindruck gewonnen, als bedrücke das Kind etwas. Und deshalb gab es heute Krustenbraten, Rosenkohl, Knödel und zum Nachtisch Bayerische Creme, die es besonders liebte.

Gedankenverloren rührte sie in der Kasserolle mit der sämigen Soße, aus der verführerische Düfte aufstiegen. Was war der Junge doch dünn gewesen, als seine Eltern ihn nach der Trennung zu ihr gebracht hatten! Dünn? Sie kostete und tat sicherheitshalber noch einen Schubs Sahne hinzu. Spindeldürr war er gewesen, ein Hänfling, bei dem man die Rippen zählen konnte. Armer Bengel! Na, aber da war er bei ihr in die richtigen Hände geraten. Vom ersten Tag an hatte sie nach Kräften gegen diese Misere angekocht.

Helga lächelte in der Erinnerung, wodurch sich ihr hageres Altfrauengesicht in eine Unzahl von Falten und Fältchen aufzulösen schien. Unter ihrer liebevollen Fürsorge hatte der Junge rasch zugenommen. Letzten Sommer hatte er sogar rosige Apfelbäckchen bekommen, was natürlich auch daran lag, dass er mit den anderen Jungs regelmäßig hinter der Waldkirche mit dem Mountainbike herumsauste, das sie ihm im letzten Jahr zu Weihnachten geschenkt hatte. Richtig gesund sah er inzwischen aus. Und süß. Selbstverständlich hatte sie ihm Letzteres so nicht gesagt. Jungs mögen das nicht. Und in dem heiklen Alter, in dem Felix sich jetzt befand, schätzten sie derartige Bemerkungen schon gar nicht. Helga drehte das Gas herunter. Außer ihrem Enkelsohn kannte sie wirklich niemanden, der in einem derart mild-abwertenden, nachsichtig-genervten Tonfall „Ach Helga!" oder „Du lieber Himmel, Oma!" sagen konnte, wenn sie mal wieder keine Ahnung hatte, wer in der Filmwelt ein gewisser Darth Vader war oder was man mit einem Handy, mit dem man doch wohl eigentlich telefonieren sollte, noch so alles anstellen konnte. Aber das war einfach das Alter. Das ging vorbei. Bei seinem Vater war es schließlich ganz ähnlich gewesen.

Nein! Witternd wie ein Pferd mit übergroßen Nüstern sog Felix voller Unbehagen die kaloriengeschwängerte Luft ein, als er nach einem zusätzlichen kurzen Sprint durch den hinteren Teil des Kurparks in den Wohnungsflur trat.

„Bist du das?", erklang Helgas muntere Stimme auch schon aus der Küche.

„Ja", rief er zurück. Er hatte es sich längst abgewöhnt, „Wer sonst?" zu denken oder gar zu rufen.

„Dann wasch dir rasch die Hände. Das Essen ist fertig."

Er hatte keinen Hunger. Trotzdem trabte er brav ins Bad, gab seiner Großmutter einen lustlosen Kuss, als er in die Küche kam, und setzte sich zögernd.

„So." Helga strahlte ihn liebevoll an, während sie ihm Braten, Soße, Gemüse und Klöße auf den Teller schaufelte. „Das ist für dich. Krustenbra..."

„Ich habe keinen großen Hunger, Oma. Wirklich."

Mit Kalorien brauchte er ihr erst gar nicht zu kommen. Davon wollte sie nichts hören. Ganz am Anfang seiner Lauf- und Fitnessstudiozeit hatte er einmal versucht, ihr zu erklären, worauf es heute ankam: Muskelaufbau, Proteine, Fettverbrennung, BMI.

„Schau dir doch die Schauspieler oder Sportler an, die sich manchmal hier begaffen lassen", hatte er schließlich seinen letzten Trumpf ausgespielt. „Die sind auch nicht fett."

Doch sie hatte lediglich gelacht.

Jetzt schüttelte sie nur energisch den Kopf.

„Unsinn. Jungs in deinem Alter haben immer Hunger, Felix. Erzähl mir nichts und iss, sonst wird es kalt."

Er stieß einen Laut aus, der von ganz tief unten aus seinem Inneren kam und wie das Fiepen eines gramzerfressenen Welpen klang. Langsam, ganz langsam säbelte er ein Stück Fleisch ab, steckte es im Zeitlupentempo in den Mund und kaute verdrossen und so vorsichtig, als könne der Brei jeden Moment explodieren oder sonst ein Eigenleben entfalten. Es schmeckte lecker, wie alles, was sie kochte. Trotzdem, wenn er ihr auch heute wieder nachgab, reichten vier Stunden Training bald nicht mehr aus. Dann würde er dazu noch täglich nach Puttgarden und zurück laufen müssen. Mindestens. Mit dem Mut der Verzweiflung stieß er den halb vollen Teller in die Mitte des Tisches.

„Ich will nichts mehr essen, Oma. Ich ..."

„Schmeckt es dir etwa nicht? Oder geht es dir nicht gut, Felix?" Besorgt fasste sie über den Tisch hinweg an seine Stirn. „Fieber hast du nicht."

Sie tätschelte seine Wange mit der Rechten, während sie mit der Linken ganz sacht den Teller wieder auf ihn zuschob.

„Komm, sei brav. Nachher gibt's auch noch Bayerische Creme." Helga drohte ihm scherzhaft mit dem erhobenen Zeigefinger. „Aber nur, wenn du aufgegessen hast, mein Schätzchen."

Mein Schätzchen! Wie er das hasste. Er war doch keine sieben mehr. Aber sie begriff das einfach nicht. Nein, sie begriff wirklich überhaupt nichts. Hilflos und zutiefst angewidert stierte er auf seinen prallen Bauch hinab, der vor seinen Augen immer noch runder zu werden schien. Unter ihrem besorgt-drängenden Blick hatte er doch tatsächlich die ganze Schüssel mit der Creme verputzt und sich auch nicht entblödet, noch dem allerletzten klitzekleinen Rest den Garaus zu machen, indem er verschämt mit dem Zeigefinger in der Schüssel herumgefuhrwerkt und ihn anschließend genüsslich abgeleckt hatte.

In kürzester Zeit würde er wieder aussehen wie ein Mops oder wie eine Tonne auf zwei Beinen. Es schüttelte ihn geradezu vor Ekel bei dieser Vorstellung. Dann konnte er die Clique und vor allen Dingen natürlich Dina endgültig vergessen und seinen Body ebenfalls. Und das war noch nicht alles. Heutzutage galt man eben schlichtweg als Loser, wenn man behaart wie ein Tier und fett war. In so einem Zustand konnte man sich allenfalls auf den Wanderwegen im Hinterland irgendwelchen Rehen und Kaninchen präsentieren, keinesfalls jedoch rund um den Timmendorfer Platz, am Strand oder an der Seeschlösschenbrücke. Unmöglich. Nein, man gehörte nirgends dazu, und die anderen lachten über einen und hielten einen gleich für einen Penner. Aber das begriff Oma ja alles nicht. Und er konnte es ihr einfach nicht klarmachen, konnte ums Verrecken nicht rüberbringen, was in diesem Jahrhundert wirklich wichtig war und was wirklich zählte.

Voller Wut auf sein eigenes Unvermögen und ihre Begriffsstutzigkeit sprang Felix auf, riss seine Sporttasche aus der Ecke, stopfte ein sauberes T-Shirt, Hose, Schuhe und das ganze andere Zeugs hinein und stürmte türenknallend und ohne ein weiteres Wort aus dem Haus.

Es war nicht richtig gewesen, ihn so zu drängen mit dem Essen. Helga sah das jetzt ein. Dabei hatte sie es doch nur gut gemeint. Und früher hatte er auch immer tüchtig zugelangt, um dann anschließend im Winter mit ihr eine Partie Monopoly zu spielen oder im Sommer ein Eis an der Strandallee zu essen.

Helga seufzte, während sie versuchte, nicht allzu oft auf den leeren Stuhl ihr gegenüber zu starren. Er war bestimmt wieder in dieses Fitnessstudio gegangen. Sie hatte es sehr wohl gehört, als er die Wohnung verließ.

Nein, sie sah es wirklich ein. Felix war eben kein kleiner Bub mehr, kein Knirps, der noch mit seiner Oma spielen wollte. Er war ein Mann, na ja, ein halber vielleicht erst, doch unzweifelhaft empfand er selbst das anders und hielt sich für erwachsen. Und genau da lag ihr Fehler, gestand Helga sich ein, während sie gedankenverloren an ihrem Kaffee nippte und sich dabei prompt die Lippen verbrühte. Sie musste endlich akzeptieren, dass aus ihrem Mäuschen ein Mäuserich geworden war, der nun einmal seinen eigenen Kopf hatte. Diesen Prozess hatten er und sie wahrlich nicht erfunden, der war so alt wie die Menschheit selbst. Ja, Felix war fast erwachsen. Um diese Erkenntnis konnte sie sich nicht länger herumdrücken.

Aber das wollte sie eigentlich auch gar nicht, überlegte Helga weiter. Sie musste sich eben nur abgewöhnen, ihn wie ein Kind zu behandeln, und ihm vielmehr zeigen, dass sie durchaus schon den Mann in ihm sah. Sie lächelte zufrieden, denn sie wusste auch schon genau, wie sie es anstellen wollte.

Felix schnupperte voller Argwohn, als er am nächsten Tag nach dem Training – vorsichtshalber hatte er sich noch eine Stunde mehr mit einem Lauf Richtung Gymnasium geschunden als sonst – den Flur betrat. Nichts. Überrascht blähte er die Nasenflügel und sog scharf die Luft ein. Nein, es roch tatsächlich überhaupt nicht nach Essen. Sie hatte nicht gekocht!

Wie benommen ging er ins Bad, um sich die Hände zu waschen, registrierte nicht, dass ihm kein übliches „Bist du das?" entgegenschallte, trat schließlich erneut in den Flur und musterte sekundenlang die geschlossene Küchentür so zweifelnd wie ein Mensch, der zwar inständig auf ein Wunder hofft, dem jedoch der Glaube daran fehlt.

Endlich fasste er sich ein Herz und öffnete die Tür.

Nein! Nein! Nein!

Felix stieß einen grunzenden Laut aus und blieb wie vom Donner gerührt stehen. Helgas erwartungsfrohes Lächeln nahm er überhaupt nicht zur Kenntnis. Wie gebannt fixierte er den Tisch, dessen Fläche fast zur Hälfte von einer überdimensionalen Fleischplatte bedeckt wurde, auf der sich Kasslerstücke, fingerdicke Schinkenscheiben, pralle Würste und gigantische Schweinebratenberge türmten. Alles war kalt. Deshalb roch es nicht. Aber kalorienmäßig hätte es todsicher für eine ganze Fußballmannschaft gereicht. Samt

Ersatzspielern.

Sein fassungsloser Blick wanderte zu ihr. Sprechen konnte er nicht.

„Setz dich doch, mein ..., äh ..., Felix."

Helga lachte verlegen. Es war schon irgendwie eine merkwürdige Situation. Und so seltsam, wie sich der Junge benahm, schien er das ebenfalls zu empfinden. Trotzdem fuhr sie entschlossen fort:

„Weißt du, ich denke, du bist jetzt wirklich alt genug, um zu einem solchen Essen nicht mehr Brause trinken zu müssen. Das passt ja auch eigentlich nicht so richtig. Ich habe dir deshalb eine Flasche Bier besorgt. Und hinterher trinken wir einen Schnaps zusammen, ja?"

Voller Erwartung blickte sie zu ihm hoch, als er wie in Trance auf sie zu taumelte.

Sie hasste ihn. So musste es einfach sein. Oder sie wollte ihn ganz für sich haben, ihn mästen, bis er platzte von all den fetttriefenden Würsten und den zentimeterdicken Fleischscheiben, die so groß waren wie die Tatzen eines Grizzlybären. Und dazu dann noch solche Kalorienbomben wie Bier und Schnaps! Über kurz oder lang würde er aussehen wie ein Mega-Mops, ein Monster, vor dem sich alle gruselten und vor dem alle laut schreiend davonliefen. Das war wirklich der Gipfel der Gemeinheit!

Er schluchzte laut auf, als er die Arme hob, zupackte, sie leicht schüttelte und ihr dabei ins Gesicht schrie, weshalb er nichts von all dem essen oder gar trinken könne. Aber auch gar nichts. Dann ließ er sie los.

Helga taumelte, gurgelte, erschlaffte plötzlich und schlug zu seinem Entsetzen direkt vor seinen Augen lang hin. Ganz still lag sie da.

Eine ganze Weile war Felix vor Schreck wie gelähmt. Fassungslos stierte er auf ihren leblosen Körper, ohne das Bild allerdings richtig zu erfassen, um dann nach einer ganzen Zeit voller Scheu irgendwelche Hände in Augenschein zu nehmen, die zwar an seinen Armen baumelten, jedoch nichts mit ihm zu tun haben konnten. Vorsichtig drehte und bewegte er sie, ohne die ausgeprägten Muskelstränge an seinen Unterarmen, die hervortraten wie Schiffstrossen, wahrzunehmen. Diese Hände gehörten einfach nicht zu ihm. Dafür waren sie viel zu groß und zu stark. Solche Pranken besaß doch nur ein echtes Muskelpaket wie Rambo. Oder Arnie. Er jedenfalls nicht. Das wusste er genau. Hemmungslos schluchzend sank er neben ihr in die Knie.

TIMMENDORFER STRAND

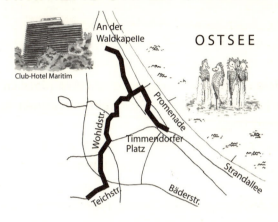

Ostseetraum

Dietlind Kreber

Sie stand an der geöffneten Balkontür ihres Hotelzimmers und sah in die Lübecker Bucht. Der Anblick war atemberaubend. Hinter einem schmalen Waldstreifen schaukelten kleine Boote mit weißen Segeln einträchtig im aufkommenden Nordostwind über die blaue Ostsee. Sie strich sich eine Strähne ihres frisch gewaschenen Haares aus der Stirn und atmete tief durch.

Es klopfte an der Tür. Mit verheißungsvoller Stimme

rief sie „Herein!" und lockerte den Gürtel ihres Bademantels.

Auf dem kleinen, runden Tisch, den sie vor das riesige Fenster geschoben hatte, perlte der Champagner in den von Kälte beschlagenen Gläsern. Schnell fuhr sie sich mit der Zunge über die trockenen Lippen und drehte sich voller Vorfreude verheißungsvoll lächelnd um.

Sie ahnte nicht, dass ihre Lebenszeit in dieser Sekunde noch exakt fünf Minuten betrug.

Janne Brauer saß unter der schützenden Markise im Café Engels-Eck, das allgemein nur Café Wichtig genannt wurde, und nippte an seinem Irish Coffee. Unter halb geschlossenen Augenlidern taxierte er die voll besetzten Tische. Sein Blick blieb an einer exquisit gekleideten Frau im vorgerückten Alter hängen, die sich mit ihrer deutlich jüngeren und eher unscheinbar gekleideten Freundin einen Platz neben der belebten Fußgängerzone ergattert hatte. Das Geburtsjahr der Älteren interessierte ihn wenig, wichtiger war ihm die Ausstattung, wobei er da nicht an die körperlichen Formen dachte. Janne deutete der jungen Bedienung an, dass er zu dem Tisch der beiden wechseln wollte.

„Entschuldigen Sie, darf ich mich zu Ihnen setzen?", fragte er mit einem jungenhaften Lächeln.

Die ältere Frau mit blond gefärbtem Haar wandte den Kopf und sah ihn prüfend an. Dann zwinkerte sie ihm zu und griff nach der Handtasche, die auf dem Stuhl neben ihr lag. „Sie dürfen. Ich heiße Karin und das ist Sabine." Sie deutete auf ihre zierliche Freundin. „Wir sind erst gestern Mittag angekommen und hatten noch keine Gelegenheit, uns nach einem passenden Urlaubsflirt umzusehen." Karin lachte schallend.

Er stimmte ein und rückte mit dem Stuhl näher zu ihr heran. „Dann komme ich ja gerade richtig. Darf ich die Damen auf ein Gläschen Prosecco einladen? Übrigens – mein Name ist Janne."

Mit einem flüchtigen Blick auf die wertvollen Schmuckstücke der Älteren änderte er seine Absicht und bestellte eine ganze Flasche. Es war die Einleitung zu einem langen Abend, der mit einem Spaziergang durch den noch warmen Sand entlang der Ostseeküste am Timmendorfer Strand vor dem MARITIM ClubHotel endete. Janne umarmte die Frauen zum Abschied. „Wollen wir drei uns morgen zum Picknicken treffen?", fragte er und sah Karin dabei in die Augen.

„Gerne." Die Antwort der Frauen kam gleichzeitig.

„Der Abend gehört aber uns beiden", flüsterte Karin ihm zum Abschied ins Ohr. Er unterdrückte ein zufriedenes Grinsen. Der Fisch zappelte im Netz.

Der schwarze Passat bog im rasanten Tempo in die Auffahrt des MARITIM ClubHotels und umkurvte fluchende Urlauber, die wuchtige Gepäckstücke aus ihren seitlich geparkten Fahrzeugen zerrten. Ilka Schneiderhahn von der Mordkommission Lübeck stoppte direkt vor dem Hoteleingang, der glücklicherweise nicht zugeparkt war. Es war ein heißer Morgen im Juli, an dem kein Lüftchen wehte. Schwitzend erreichte sie die kühle Eingangshalle und zog ihren Ausweis heraus. „Wo finde ich die Leiche?", fragte sie den herangeeilten Portier.

„Im vierten Stock, Zimmer 433. Doch Sie können nicht ..."

Schneiderhahn winkte ungeduldig ab. „Ich kenne mich im Hotel aus", unterbrach sie ihn und eilte zum

Aufzug, der sie in die erste Etage brachte. Dort befand sich die eigentliche Eingangshalle mit einer großzügigen Rezeption, an der sie achtlos vorbeilief, um zu den Aufzügen zu gelangen. Ungeduldig wartete sie, bis sich eine Traube Urlauber aus einer Kabine gedrängt hatte, und fuhr in den vierten Stock. Auf dem Weg zum Hotelzimmer stieß sie auf ihren Assistenten Tobias Sifertz, der sie vor wenigen Minuten telefonisch über das Wesentliche informiert hatte: Eine Putzfrau hatte am Morgen eine Frauenleiche auf dem Fußboden des Hotelzimmers gefunden.

„Was sagt die Spusi?", fragte Schneiderhahn, ohne sich mit Förmlichkeiten aufzuhalten.

„Sie haben eine Menge DNA-Material gefunden. Bei einer Zimmerbelegungsquote von achtzig Prozent ist das allerdings keine Überraschung und erschwert uns nur die Arbeit."

Sifertz' pessimistische Art ging ihr auf die Nerven. „Der Tathergang?", knurrte sie.

Er verzog keine Miene. „Die Frau ist mit dem Hinterkopf auf den Tisch geknallt und hat sich das Genick gebrochen."

„Es könnte also auch ein Unfall gewesen sein?"

Sifertz zuckte die Schultern. „Sie hat Druckstellen an den Oberarmen. Die Frage ist, ob sie gestoßen wurde oder ob sie stolperte und unglücklich mit dem

Kopf aufgeschlagen ist …"

Schneiderhahn winkte ab. „Keine Spekulationen, bitte." Nachdem sie die Leiche eingehend inspiziert hatte, ging sie zum Polizeiarzt, der zwei Meter entfernt seine Tasche packte. „Was meinst du, hat da jemand nachgeholfen?"

„Fest steht, dass sie rückwärts gelaufen sein müsste, um so heftig aufzuschlagen. Gelaufen, wohl gemerkt, nicht gegangen. Mit zwei Sektgläsern in den Händen halte ich das für sehr unwahrscheinlich." Er wies auf die Gläser, die neben der Toten lagen. „Vielleicht hätte sie eine Chance gehabt, wenn sie sich abgestützt hätte. Wer weiß das schon? Gestorben ist sie jedenfalls so gegen zwanzig Uhr."

„Dann hat sie deiner Ansicht nach einen heftigen Stoß erhalten?", vergewisserte sich Schneiderhahn.

„Ich denke, dass der Täter sie an den Oberarmen gepackt hat. Ob sie dann versucht hat, sich loszureißen oder ob sie gestoßen wurde, kann ich nicht sagen."

„Vielen Dank, Doc." Die Kommissarin ließ den Blick durch das Zimmer schweifen. Das Bett war unberührt, doch auf dem Nachttisch stand eine Stumpenkerze. Das sah nach einem romantischen Date aus.

Die Tote … Wieso hatte ihr eigentlich noch niemand den Namen verraten? Sie winkte Sifertz zu sich. „Wie heißt die Frau?"

„Karin Wellenkamp. Sie hat vor vierzehn Tagen zusammen mit ihrer Freundin hier eingecheckt."

„Was für eine Freundin? Warum haben Sie das nicht gleich gesagt?" Verärgert sah sie ihn an.

„Sie haben mich nicht zu Wort kommen lassen."

Einen Moment lang hielt die Kommissarin die Luft an. „Wie heißt die Freundin und wo finde ich sie?", fragte sie betont ruhig.

„Sie heißt Sabine Borschinskie und wohnt im Nachbarzimmer. Rechter Hand. Zwei Uniformierte sind bei ihr."

„Ich möchte, dass Sie sich beim Hotelpersonal umhören und alles über die beiden Frauen in Erfahrung bringen, was es herauszufinden gibt."

Schneiderhahn begrüßte die Polizisten mit einem flüchtigen Nicken und deutete ihnen an, dass sie das Zimmer verlassen konnten. Eine zierliche Frau im weißen Hosenanzug saß auf dem Bett und schluchzte.

„Frau Borschinskie?" Die Angesprochene hob den Kopf und sah die Kommissarin aus verquollenen Augen an.

„Mein Name ist Ilka Schneiderhahn. Sie sind mit Frau Wellenkamp befreundet?"

„Wir kennen uns schon eine Ewigkeit." Sabine Borschinskie sprach mit leiser Stimme, so dass die Kommissarin sich anstrengen musste, um sie zu verstehen. „Seitdem Karin sich vor fünf Jahren von ihrem Mann getrennt hat, verbringen wir jedes Jahr ein paar Tage am Timmendorfer Strand. Wir beide lieben die Ostsee und sie reiste nicht gerne allein." Sabine Borschinskie begann wieder zu schluchzen.

Die Kommissarin setzte sich neben sie aufs Bett. Eine Haarsträhne fiel ihr über das linke Auge. Sie musste dringend zum Friseur, doch das musste wie üblich warten. „Ich weiß, dass es schwer für Sie ist, Fragen zu beantworten, aber es ist wichtig, so schnell wie möglich Informationen über die Lei…, über Frau Wellenkamp zu erhalten."

Sabine Borschinskie nickte.

„Wir nehmen an, dass Ihre Freundin gestern Abend Besuch erwartet hat. Können Sie mir dazu etwas sagen?"

„Sie war mit Janne verabredet. Wir haben ihn gleich zu Beginn unseres Urlaubs im Café Wichtig kennengelernt. Die beiden sind sich näher gekommen und …"

Schneiderhahn zog ihren Notizblock heraus. „Janne, und weiter?"

„Keine Ahnung. Ich kenne aber seine Telefonnummer. Seit einer Stunde versuche ich, ihn anzurufen, bisher ohne Erfolg."

Ilka Schneiderhahn tippte die Zahlen, die ihr Sabine Borschinskie mit zittriger Stimme vorlas, in ihr Handy und wartete. Nach einer Weile legte sie auf und rief im Kommissariat an. „Ich brauche eine Handyortung auf dem kurzen Wege, Arne. Kannst du deine Kontakte spielen lassen?" Sie gab ihm die Nummer durch. „Danke, ich revanchiere mich gelegentlich." Damit wandte sie sich wieder der schniefenden Frau zu. „Haben Sie sich auch allein mit diesem Janne getroffen?"

Sabine Borschinskie schüttelte den Kopf. „Er hatte nur Augen für Karin."

„Und da waren Sie nicht eifersüchtig?"

„Ich war Karin dankbar, dass sie mir die Urlaube ermöglicht hat. Sie konnte sehr großzügig sein, wenn ihr danach war."

Schneiderhahn runzelte die Stirn. „Frau Wellenkamp hat also Ihren Urlaub bezahlt und dafür erwartet, dass Sie sich unsichtbar machen, wenn sie sich anderweitig orientiert hat?"

„Warum so negativ? Wir hatten doch beide etwas davon."

Die Tür wurde aufgerissen. Sifertz' Gesichtsausdruck ließ darauf schließen, dass er etwas Interessantes herausgefunden hatte. „Gibt es etwas Neues?", fragte sie.

131

Ihr Assistent nickte und wandte sich an Sabine Borschinskie. „Worum ging es in dem Streit mit Frau Wellenkamp?"

„Ich würde unsere Diskussion nicht als Streit ansehen."

„Der Kellner aus der Matigo-Bar hat das anders gesehen. Ihre Freundin soll sich über Ihre X-Beine lustig gemacht haben und im Gegenzug haben Sie sie mit ihrer Rubensfigur aufgezogen. Daraufhin soll sie sehr heftig reagiert haben."

„Und wie sah das aus?", wollte Schneiderhahn wissen.

„Sie hat Frau Borschinskie als Schmeißfliege bezeichnet."

Sabine Borschinskie sprang auf. „Das war ihre besondere Art, andere zu demütigen. Daran war ich gewöhnt, deswegen hätte ich ihr doch nie etwas angetan."

Das Handy der Kommissarin klingelte. Sie lauschte auf die Worte des Anrufers. „Wir kommen!", sagte sie schließlich und erhob sich. „Sie haben doch sicher nichts dagegen, uns zu begleiten, Frau Borschinskie? Meine Kollegen haben diesen Janne ausfindig gemacht. Janne Brauer, um genau zu sein. Er wohnt in der Teichstraße, ganz in der Nähe."

Janne Brauer entsprach genau dem Typ, den Schneiderhahn verabscheute. Groß, blond, mit durchtrainiertem Body und einem rätselhaften Selbstbewusstsein, das nach einem Dämpfer schrie.

„Was ist mit Karin?", fragte er, nachdem sie das Wohnzimmer betreten hatten.

„Langsam, Herr Brauer. Ich stelle hier die Fragen", fuhr Schneiderhahn ihn an. „Wo waren Sie gestern Abend gegen zwanzig Uhr?"

„Hier. Ich habe mir ein paar Whiskeys genehmigt und bis eben meinen Rausch ausgeschlafen."

„Das ist nicht zu übersehen. Die Frage ist nur, ob Sie diese Menge nötig hatten, weil Sie Frau Wellenkamp ermordet haben."

„Wieso sollte ich Karin ermorden? Wir waren verliebt und wollten zusammenziehen ..." Ein leises Wimmern unterbrach ihn.

„Frau Borschinskie, ist alles in Ordnung?", fragte Schneiderhahn.

„Er lügt. Karin hätte ihre Freiheit niemals aufgegeben."

„Frauen ändern ihre Meinung doch ständig, Sabine", frotzelte Janne.

„Du hast sie ermordet, weil sie dich durchschaut hat. Du wolltest nur ihr Geld."

„Nicht alle sind so wie du."

„Mistkerl!" Sabine Borschinskie stürzte sich auf ihn.

Sifertz wollte sie zurückhalten, doch die Kommissarin stoppte ihn. Sie schüttelte stumm den Kopf und blieb abwartend stehen. Sabine schlug mit beiden Fäusten auf den Liebhaber ihrer Freundin ein. „Mistkerl, Mistkerl …", schluchzte sie und sank dann gegen seine Brust. Es dauerte einen Augenblick, bis Janne sie zurückstieß. „Ich habe sie nicht getötet", murmelte er.

Mit zusammengekniffenen Augen beobachtete Ilka Schneiderhahn die Streitenden, die sich nicht eine Sekunde aus den Augen ließen. Ihr Handy klingelte. Verärgert über die Unterbrechung nahm sie das Gespräch entgegen. „Ich höre …", fauchte sie. Es wurde ein langes Telefonat. Als sie es beendete, glich sie einer Katze, die eine Schüssel Milch geleert hatte.

Nachdenklich starrte sie die beiden eine Zeitlang an. „Schluss mit diesem schlechten Schauspiel", rief sie plötzlich und klatschte in die Hände. „Wer von Ihnen hat Karin Wellenkamp dazu überredet, eines ihrer Konten leerzuräumen?" Die Kommissarin hätte eine Bombe fallen lassen können, sie hätte keine größere Wirkung verursacht.

„Du raffiniertes Biest, warum hast du mir verschwiegen, dass die Alte dir Geld gegeben hat?", schrie Janne Brauer und schüttelte die zierliche Frau, die zur Salzsäule erstarrt war. „Hast du ihr versprochen, die

Finger von mir zu lassen und mir nur die große Liebe vorgespielt, um an ihr Geld zu kommen?"

„Ist es so passiert, Herr Brauer? Haben Sie Frau Wellenkamp auch so geschüttelt und plötzlich lag sie da? Tot!"

„Den Mord werden Sie mir nicht anhängen. Sabine hat sie getötet." Speicheltropfen spritzten durch den Raum.

„Es war ein Unfall! Ich wollte sie bitten, dich endlich in Ruhe zu lassen, doch sie hat nur gelacht", schrie Sabine. Dann schlug sie sich die Hand vor den Mund. „Oh mein Gott!"

Die Kommissarin gab ihrem Assistenten ein Zeichen. „Frau Borschinskie, ich nehme Sie unter dem Verdacht fest, Karin Wellenkamp getötet zu haben."

„Ach Janne, was bist du doch für ein Dummkopf", murmelte Sabine, bevor sie von zwei Beamten abgeführt wurde.

Schneiderhahn sah Janne Brauer an. „Denken ist wirklich nicht Ihre Stärke. In den nächsten Tagen sollten Sie Ihre wenigen Gehirnzellen anstrengen, um sich eine gute Ausrede einfallen zu lassen, warum Sie unsere Ermittlungen behindert haben. Dafür werde ich Sie nämlich belangen." Sie verzog den Mund zu einem hässlichen Grinsen und verließ mit schwungvollen Schritten das Haus.

„Was war das denn gerade?" Sifertz griff nach ihrem Arm.

Die Kommissarin sah ihn verwundert an. „Haben Sie nicht bemerkt, wie verliebt sich die beiden angesehen haben? Die gegenseitigen Beschuldigungen waren abgesprochen, um uns zu verwirren."

„Und wie haben Sie es geschafft, so schnell an die Genehmigung zur Überprüfung der Konten heranzukommen?"

„Ich hatte keine."

„Keine …?"

Schneiderhahn ließ sich auf den Fahrersitz fallen. „Lieber Sifertz, Sie müssen noch eine Menge lernen. Niemand hat die Konten überprüft. Ich habe lediglich die Information erhalten, dass ein Bediensteter ausgesagt hat, dass Brauer nachts aus dem Zimmer von Frau Borschinskie gekommen ist. Das hat meinen Verdacht bestätigt, dass die beiden ein Verhältnis haben. Brauer hat Karin Wellenkamp nur umgarnt, um an ihr Geld zu kommen." Sie startete den Motor. „Da Misstrauen ein wunderbares Mittel ist, Menschen gegeneinander aufzubringen, habe ich mir erlaubt, es anzuwenden. Und mit dieser Finte diesen Mordfall gelöst."

Die Kommissarin stieß mit dem Wagen aus der Parklücke und ließ einen sprachlosen Tobias Sifertz zurück.

Travemünde

Das Ostseeheilbad wird auch als „Lübecks schönste Tochter" bezeichnet. Und das zu Recht. Das maritime Travemünde mit den malerischen Altstadtgassen und den historischen Fassadenfronten entlang der Trave lädt seine Besucher zum Bummeln und Träumen ein. Ein markanter Punkt ist das höchste Leuchtfeuer Europas: 125 Meter gen Himmel streckt sich das Maritim-Hochhaus und weist Schiffen den Weg.

Das Angebot für Besucher und Einheimische ist schier unerschöpflich. Vom Luxushotel bis zum Familienferiendorf wird alles geboten, ohne dass es dem Charme des Ortes einen Schaden zufügt. Zwei von vielen berühmten Besuchern möchten wir Ihnen auch nicht vorenthalten: Franz Kafka und Thomas Mann, der nicht nur zusammen mit seiner Familie regelmäßig die Sommerfrische in Travemünde genoss, sondern auch Tony Buddenbrook bei dem Lotsenkommandeur Schwarzkopf in der Vorderreihe 53 logieren ließ.

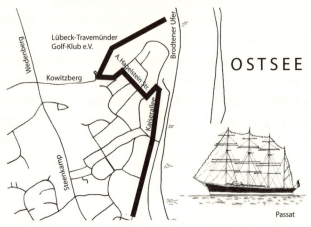

Passat

Rendezvous auf der Klippe

Eva Almstädt

Enno ließ die abgezählten Süßstoff-Tabletten in seinen Kaffee fallen. Seine linke Hand zuckte, als er Simone erblickte, und in der Untertasse bildete sich ein brauner See. Nicht mal in Travemünde in der Vorderreihe Kaffee trinken konnte er, ohne dass sie ihm über den Weg lief. Sie stand am Tresen und kaufte Brot. In einer Bäckerei! Dabei hatte er ihr immer wieder gepredigt, dass das Zeug aus dem Discounter genauso satt machte. Aber sie hörte ja nicht auf ihn.

Ein Mann, der Johnny Schock heißt, betritt nicht mein Badezimmer, hatte er auch zu ihr gesagt. Enno erinnerte sich genau. Simone hatte im Branchenbuch nach einem Klempner gesucht, weil das Klo verstopft war. Woran, wie jeder Mann wusste, fast immer eine Frau Schuld war. Über seinen Einwand, den Namen des Klempners betreffend, hatte sie nur gelacht. Und Johnny Schock war mit seinem Pümpel – er wollte nicht an den Pümpel denken – nicht nur in sein Haus und in sein hellblau gekacheltes Badezimmer eingedrungen, und damit in seine Privatsphäre, sondern ...

Simone verstaute ein Kürbiskernbrot in ihrem Korb und bestellte noch einen Latte macchiato. Immer das Teuerste, sie lernte es nicht. Sein Kaffee für einen Euro und die Aussicht auf den belebten Travemünder Hafen waren Enno auf einen Schlag verdorben.

Zugegeben, die Bemerkung an ihrem letzten Geburtstag über das Verfallsdatum war nicht so taktvoll gewesen. Aber musste sie sich gleich mit dem erstbesten Klempner trösten? Wie viele Witze übers Rohre-Verlegen sollte er sich im Tennis-Club noch anhören?

Simone suchte nach einem freien Tisch, entdeckte ihn am Fenster sitzend und zog eine Grimasse. Ennos erster Impuls war, aufzuspringen und ihr den Kaffeebecher aus der Hand zu schlagen. Er beherrschte sich. Er konnte sich nämlich beherrschen. Eine Scheidung nach zwanzig Ehejahren? Das Haus verkaufen, um Simone auszuzahlen? Da würden seine Nachbarn vor Freude Sirtaki tanzen. „Hallo Simone", presste er hervor.

„Oh ..., hallo Enno."

„Wir beide müssen noch mal reden."

„Ich wüsste nicht, weshalb."

„Wegen des Hauses", warf er seinen Köder aus.

Simone zwinkerte nervös. Nach einigem Hin und Her verabredeten sie sich für den nächsten Tag am Brodtener Steilufer. An der bewussten Bank, an ihrer Bank, ein Stück hinter dem Restaurant Hermannshöhe. Als Simone sich am anderen Ende des Raumes niederließ, hatte Enno das Gefühl, einen Etappensieg errungen zu haben.

Auf dem Rückweg, an der Travepromenade entlang, fiel sein Blick auf die Terrasse des neuen Restaurants am Lübecker Yacht Club, wo braun gebrannte Männer in weißen Hosen und Frauen mit riesigen Sonnenbrillen saßen, deren Leben nicht durch einen Johnny Schock aus der Bahn geraten war. Aber wusste man das so genau? Immerhin, das schlichte Gebäude der Wasserschutzpolizei und der alte Leuchtturm schienen die Jahrzehnte unverändert zu überdauern. So wie er selbst. Felsen in der Brandung. Dahinter ragte das Maritim-Hochhaus in den blauen Himmel.

Zwanzig Jahre war es her, dass er Simone hier, im Schatten des Hotels, einen Heiratsantrag gemacht hatte. Sie waren zu einem Konzert im Brügmanngarten an der Kurmuschel gewesen. Danach hatte er sie bei Niederegger auf eine Kugel Eis eingeladen. Simone hatte verträumt auf die Trave geblickt. Wenn in den nächsten zehn Minuten eine Schiff vorbeikommt, frage ich sie, ob sie mich heiratet, hatte er orakelt. Es war eine majestätische, weiße Fähre gewesen, die sein Schicksal besiegelt hatte. Unter der Holzbalkendecke der alten St.-Lorenz-Kirche hatten sie sich das Jawort gegeben. „Bis dass der Tod euch scheidet."

Und vor drei Monaten, sechs Tagen, elf Stunden und zweiundzwanzig Minuten hatte Simone ihn verlassen. Morgen, am Brodtener Steilufer, dem Ort, wo er sie zum ersten Mal geküsst hatte, würde sie einsehen, dass sie damit den Fehler ihres Lebens gemacht hatte.

Am nächsten Tag fegte ein böiger Südwestwind über die Ostsee und jagte graue Wolkengebirge vor sich her. Enno zwang sich, das nicht als ein Omen zu betrachten. Er parkte am Kowitzberg in der Nähe des Golfplatzes, denn hier fiel sein neuer Benz nicht weiter auf. Erst hatte er überlegt, mit der Bahn zu kommen, doch in den ehrwürdigen Travemünder Strandbahnhof fuhr heutzutage nur alle Stunde mal ein Zug ein. Man würde sich dort auch viel eher an ihn erinnern. Er ging in den Wald hinein und folgte dem Wanderweg oberhalb des Steilufers in Richtung Niendorf. Sein inneres Drehbuch sah vor, dass er vor Simone am Treffpunkt ankam.

Er würde dort stehen, die Hände in die Jackentaschen versenkt, ein mildes Stirnrunzeln im Gesicht. Sie käme auf ihn zu, reumütig und wohl auch ängstlich. Und er würde ihr noch eine Chance geben. Aber sie musste „Bitte" sagen.

Nach einem strammen Fußmarsch erreichte er die Hermannshöhe. Das traditionsreiche Ausflugslokal war um diese Uhrzeit noch geschlossen. Niemand würde ihr Treffen beobachten. Enno hatte an alles gedacht. Er ging an der wie verwaist daliegenden Terrasse entlang und folgte dann dem Weg oberhalb der Klippe in Richtung Nordwesten. Es sah hier anders aus als im letzten Jahr. Die Winterstürme hatten wieder ein Stück von Schleswig-Holstein ins Meer gerissen. Der frühere Weg, der über die Abbruchkante hinweg verlaufen war, endete im grauen Dunst. Eine Baustellenabsperrung verwehrte Spaziergängern den Sturz ins Nichts. Ganz unerwartet überfiel Enno eine Vision von Johnny Schock mit Simone in seinem Haus. Wie er billiges Bier in seinem Wein-Kühlschrank verstaute und sich in seinem Edelstahl-Backofen von Simone eine Fertig-Pizza aufwärmen ließ. Als Ennos Gedanken zu seiner neuen E-Klasse wanderten, schoss ihm ein „Nur über meine Leiche!" durch den Kopf.

Der gewählte Treffpunkt war die perfekte Kulisse für die von ihm inszenierte Versöhnung. Wie nett, dass hier immer noch eine Bank stand. Enno ging auf die Abbruchkante zu und starrte mit vorgerecktem Hals hinunter. Der Strand fünf Meter unter ihm war mit Steinen und Geröll durchsetzt. Konnte man einen Sturz dort hinunter überleben? Nur so angedacht: Wenn man zum Beispiel mit dem Kopf gegen einen der Findlinge stieß? Er hatte ja niemandem gesagt, dass er herkommen würde. Und Simone hatte es ihrem Johnny bestimmt auch nicht verraten. Enno stapfte nachdenklich mit dem Fuß auf. Der aufgeweichte Boden unter ihm vibrierte. Ein paar Sandbrocken lösten sich vom Abhang und fielen in die Tiefe. Eine

Möwe flog über ihm, ohne von der Stelle zu kommen. Da sah er durch den Dunst Simones rundliche Gestalt auf sich zukommen. Mit gesenktem Kopf, ihr Haar dank teurer Chemie so blond wie zu Kinderzeiten, war vom Wind zerzaust. Enno straffte sich. Von jetzt an gab es nur zwei Möglichkeiten: Eine himmlische Versöhnung oder das Ende.

„Du hast dich um neun Minuten verspätet, Simone." Der türkisfarbene Lidschatten war neu und ließ sie billig aussehen.

„Was willst du mit mir bereden, Enno?" Sie klang nervös, fast ein wenig schuldbewusst.

„Wir müssen klären, wie es mit uns weitergehen soll."

„Weitergehen? Ich bin jetzt mit Johnny zusammen. Ich fühl' mich zum ersten Mal in meinem Leben richtig lebendig."

Lebendig? Enno wollte nicht an Johnny Schock und seinen ... denken. Das Rauschen in seinen Ohren rührte nicht nur vom Wind her. „Simone, ich bin hier, um dir zu sagen, dass ich dich ..., dass ich dir vergeben werde!"

„Wen interessiert's?"

„Du kommst nicht zu mir zurück?" Die Worte kullerten aus seinem Mund, schwer wie grobe Kiesel.

„Nein. Ich liebe Johnny, weißt du."

Enno starrte sie ungläubig an.

Simone lächelte nachsichtig. „Es geht dir doch nicht um mich, Enno. Es geht dir ums Gewinnen und um den schönen Schein. Aber ich mach' da nicht mehr mit. Es ist vorbei."

Schöner Schein? Es war doch alles real: Sein Haus, sein Auto, sein Geld, seine Frau! Seine Hand schnellte vor und krallte sich in das Revers von Simones Jacke. Er wollte sie schütteln, damit sie zur Besinnung kam. Wie es der Zufall – oder war es die Vorsehung – wollte, stand sie nah an der Kante. Simone blickte ängstlich suchend zur Seite. Aus dem Dunst tauchte in weiter Entfernung ein Spaziergänger auf. Ausgerechnet jetzt. Also loslassen. Vielleicht ließ er sie etwas zu plötzlich los. Simone wich vor ihm zurück, tat ein paar Schritte nach hinten – und trat ins Leere. Ihre türkis umrandeten Augen weiteten sich. Sekundenlang schien sie in der Luft zu hängen – wie die Möwe im Gegenwind. Dann war sie verschwunden. Er stand nur da. Was hatte er getan? Er schaute zu dem Spaziergänger. Der Mann kam zielstrebig aus Richtung Niendorf auf ihn zu. Von der Herrmannshöhe näherte sich ebenfalls jemand. Sie konnten unmöglich gesehen haben, was eben passiert war. Und wenn doch, war es ein Unfall gewesen. Und wenn Simone gar nicht tot war?

Die Spaziergänger gingen zügig, zu zügig, an der Klippe entlang. Konnte der eine von ihnen ... Johnny Schock sein? Der muskelbepackte Klempner? Der andere war ein ebenso kräftig gebauter Typ. Ein Kumpel von diesem Johnny? Jetzt wusste er auch, was sie vorhatten. Sie kesselten ihn ein. Er konnte weder nach links noch nach rechts, weder nach hinten über den nassen Acker noch nach vorn ausweichen. Vorn?

Entschlossen lief Enno an der Abbruchkante entlang, bis zu einer Stelle, wo sich die Wurzeln einer kleinen Birke in den Steilhang krallten. Er griff nach dem dünnen Stamm, robbte sich über die Kante und tastete mit den Füßen nach Halt. Er rutschte am bröckelnden Hang ab. Der Baum bog sich federnd nach unten und die Rinde schnitt in seine Hände. Er bekam verdorrtes Dünengras zu fassen, doch es glitt durch seine feuchten Finger. Enno rutschte tiefer, griff hilflos nach losem Gestein. Sand drang in seine Augen und den panisch aufgerissenen Mund. Der Aufprall tat erst gar nicht weh. Dann doch.

Seine linke Schulter schien ausgerenkt zu sein, und als er aufstehen wollte, schoss ein scharfer Schmerz in sein Fußgelenk. Er sank zurück und starrte nach oben: Am Rande der Klippe, fünf Meter über ihm, tauchten die zwei Männer auf und blickten zu ihm hinunter. Sie deuteten auf ihn und dann auf Simone. Die saß einige

Meter von ihm entfernt im Sand und hielt sich den Kopf. Simone lebte!

„Halt' durch!", rief er ihr zu. Die Geräusche des Windes und der brechenden Wellen entrissen ihm seine Worte. Seine Verfolger waren nicht mehr zu sehen. Zu feige, ebenfalls herunterzuklettern. Die nächste intakte Treppe hinunter zum Strand war Kilometer entfernt. Auch in dieser Beziehung hatten die Winterstürme ganze Arbeit geleistet. Das würde ihnen Johnny und seinen Schlägertypen vom Hals halten, bis Hilfe kam.

Doch der Strand war menschenleer. Leer bis auf ein Paar, das gerade einen Sturz die Klippe hinunter und eine Ehekrise überwunden hatte. Enno tastete nach seinem Mobiltelefon. Vergeblich. Es musste ihm beim Abstieg aus der Tasche gefallen sein. Und Simone verweigerte sich der modernen Technik. Also würden sie warten müssen, bis irgendwer kam.

Nach einer Weile näherte sich von rechts am Strand ein Mensch. Die Rettung. Von links kam auch einer. Zum Glück waren es Männer, denn sie würden sie tragen müssen. Männer – wie die beiden auf der Klippe? Johnny Schock? Was wollte der Kerl? „Mercedes, Eigenheim, Einbauküche, Ehefrau – in dieser Reihenfolge", flüstert ihm eine hämische Stimme in seinem Kopf zu. Sie klang ein bisschen wie seine verstorbene

Mutter. Bei einer körperlichen Konfrontation mit Johnny und seinem Gorilla-Freund hatte er keine Chance. Aber er war ihnen doch geistig überlegen! Da sie sich wieder von beiden Seiten näherten, blieb ihm als Ausweg nur das Steilufer. Fünf Meter senkrecht nach oben!

Er humpelte zu der hoch aufragenden Wand und versuchte, hinaufzuklettern. Es war, als wolle man in Badelatschen die Eiger-Nordwand bezwingen. Aussichtslos. Aus dem Augenwinkel sah er, dass Johnny Schock etwas in seiner Hand schwang, das wie ein Metallrohr aussah. Ihm blieben nur noch Minuten, wenn nicht Sekunden, um seine Haut zu retten. Und Simone? Deutete sie mit der Hand in Richtung Ostsee? War das die Lösung? Das verletzte Bein über Sand, Steine und vertrockneten Seetang nachziehend, humpelte er in Richtung Wasser.

Die Ostsee leckte genießerisch an seinen Lederschuhen. Er ging ein paar Schritte hinein. Sofort fand das Wasser den Weg durch Schuhe und Strümpfe an seine Haut. Er watete weiter. Die Kälte tat weh. Seine Unterschenkel schmerzten bis auf die Knochen, als die zwei Männer bei Simone eintrafen. Johnny beugte sich zu ihr hinunter und küsste sie auf den Mund. Als der Klempner sich aufrichtete, grinste er. Doch so einfach war Enno nicht zu schlagen. Er brauchte ein Orakel!

Wenn ein Schiff, und sei es nur ein kleines Fischerboot, auftauchte, war er gerettet. Eigentlich waren praktische Orakel gegen die Regel.

Auf dem Meeresgrund sah er die Steine im klaren, kalten Wasser. Sie waren rund und glitschig. Grüne Algen hafteten an ihnen und schwangen hin und her wie Frauenhaar. Enno spürte seine Füße nicht mehr. Er trat auf einen großen, runden Stein, rutschte ab und stürzte. Beim Eintauchen stockte ihm der Atem. Es war die Hölle – eine eiskalte Hölle. Er rappelt sich prustend wieder auf.

Der Wind fuhr durch seine nasse Kleidung und sein Haar klatschte an seinem Schädel fest. Das Wasser ging ihm nun bis zur Hüfte. Er konnte es nicht aushalten. Er musste zurück ans Ufer! Doch dieser Johnny war ebenfalls ins Wasser gewatet und schwang drohend das Rohr. Der würde nicht zulassen, dass er lebend das Ufer erreichte! Warum sollte er? Simone konnte alles haben. Ein Schlag mit dem Rohr oder einem Stein auf seinen Kopf dürfte genügen.

Inzwischen tat das eisige Wasser gar nicht mehr so weh. Das Zittern hatte nachgelassen. Er könnte ein Stückchen schwimmen? Ein paar Meter nur, in Richtung der ehemaligen DDR. Das hatten schon andere vor ihm geschafft. Vielleicht kam doch noch ein Schiff? So ein Orakel war eine ernste Sache.

Ein Selbstmord, würden sie sagen. Enno ist nicht mit der Trennung fertig geworden und ins Wasser gegangen.

Eine Welle schwappte über seinen Kopf. Was war mit seinem Orakel? War da nicht ein Schiff zu sehen? Wenigstens ein kleines Schiffchen? Ein winziges? Ein Optimist? Ha, ha, ein Optimist! Es war die Möwe, die gemütlich auf dem Wasser schaukelte. Enno schluckte salziges Wasser, hustete und ruderte mit den Armen. Die nächste Welle überspülte ihn, zog ihn erbarmungslos hinunter, um ihn kurz darauf als kraftloses Bündel wieder an die Oberfläche zu befördern. Die Möwe erhob sich mit einem heiseren Schrei in die Luft. Als Enno das letzte Mal unterging, tauchte am Horizont eine schneeweiße Ostseefähre auf, die in Richtung Travemünde fuhr.

Johnny Schock watete zurück an den Strand. „Habt ihr schon einen Notruf abgesetzt?" Sein Kumpel, der mitgekommen war, um Simone vor ihrem eifersüchtigen Ehemann zu beschützen, nickte. Johnny schmiss den zusammengerollten Regenschirm, den Enno hatte ergreifen sollen, in den Sand. „Er ist schon zu weit draußen. Die Strömung zieht ihn raus." Simone schluchzte. Johnny legte tröstend seinen Arm um ihre Schulter.

Lübeck

Was fällt Ihnen zuerst zu Lübeck ein?

Marzipan, UNESCO-Weltkulturerbe, Holstentor? Damit liegen Sie richtig. Doch die Hansestadt hat noch mehr zu bieten:

Neben dem eigenen Flughafen gilt sie im Norden als führender Standort für Medizintechnik/Medizininformatik und kann sich zu Recht als Stadt der Nobelpreisträger — Thomas Mann, Willy Brandt, Günther Grass — bezeichnen. Und wer einmal in der Altstadt durch die malerischen Gassen mit ihren denkmalgeschützten Gebäuden gewandert ist, eine Bootstour auf der Trave gemacht, die Museumslandschaft erkundet, Orgelkonzerte genossen oder Veranstaltungen in der Musik/Kongresshalle besucht hat (...), wird sich immer wieder gerne an das „Tor zur Ostsee" erinnern und sich auf ein Wiedersehen freuen.

Niendorf

Wenn wir zu den Anfängen des Badeortes zurückgehen, müssen wir lange in den Geschichtsbüchern blättern. Niendorf wird im Jahr 1855 zum ersten Mal erwähnt. Seitdem hat es sich so gut entwickelt, dass Erholungssuchende, Unternehmungslustige und Badenixen voll auf ihre Kosten kommen:
Ein Vogelpark mit seiner weltweit anerkannten 52 Arten umfassenden Eulensammlung, zahlreichen Papageien und Wasser- und Stelzvögeln, Spuren einer Raubritterburg aus dem 13. Jahrhundert, ein Meerwasserschwimmbad und jede Menge Sandstrand. Wenn Sie ins Schwärmen geraten möchten, dürfen Sie es nicht versäumen, den verträumten Niendorfer Hafen zu besuchen, der sich harmonisch in das Ortsbild einfügt.

LÜBECKER BUCHT

Von Lübeck über Travemünde nach Niendorf:

Eine nicht alltägliche Fahrradtour

Altweibersommer

Michael Mehrgardt

„Und passen Sie bitte auf! Die Dame könnte gefährlich sein."

„Erstens bin ich kein Mann", schnodderte Trude Koch zurück, „und zweitens bin ich alles andere als wohlhabend." Die Hauptkommissarin war stehen geblieben, als ihr Mobiltelefon zu vibrieren begonnen hatte, und klemmte das Fahrrad jetzt zwischen die Beine. Wegen des Gepäcks musste sie aufpassen, dass es nicht wegkippte.

Ihr Gesprächspartner blieb gewohnt sachlich: „Immerhin hat diese Frau zwei Gatten aus dem Wege geräumt."

„Vermutlich!", bellte Koch dazwischen.

„Wie bitte?"

„Hör mal, Hansi!" Die Kommissarin hatte es nicht so sehr mit der korrekten Anrede. „Wir konnten es ihr nicht beweisen. Folglich: vermutlich aus dem Wege geräumt!"

Hans Sloboda, Erster Kriminalhauptkommissar des Kommissariats 1 der Lübecker Bezirkskriminalinspektion, überhörte ihre Respektlosigkeit. „Wir wissen es, auch wenn die Indizien nicht ausreichten, Kollegin Koch. Also seien Sie bitte vorsichtig, diese Patrizia

Brandner ist unberechenbar."

Trude Koch brummte.

„Wenn es stimmt, was wir vermuten" – dieses Wort betonte Sloboda vorsorglich – „benutzt sie ein Gift, welches sich nahezu unbemerkt injizieren lässt."

Wieder ein Brummen, welches ein „Mhm" gewesen sein könnte.

„Sind Sie eigentlich schon am Zielort?"

„Kurz davor. Sobald ich nicht mehr mein Telefon halten muss, um kollegiale Schwätzchen zu halten, kann ich mein Fahrrad zu dem vereinbarten Treffpunkt weiterschieben."

„Kollegin Koch", jetzt klang Slobodas Stimme ölig, „es tut mir ja leid, dass wir auf Sie zurückgreifen mussten. Ich weiß, dass das eigentlich nicht zu Ihren Aufgaben gehört. Aber wir haben keine andere weibliche Kollegin, die vom Alter und Aussehen her passt. Ike Jensen und Ilka Gross, die ja mit der Brandner gechattet haben, sind einfach zu jung."

„Is' ja richtig toll, dass auch mal wir Alten ran dürfen, was, Hansi?"

Hans Sloboda fühlte sich mit seinen neunundvierzig Jahren auch schon ziemlich alt, was in der letzten Zeit niemandem verborgen geblieben sein dürfte. Er ärgerte sich darüber, dass er sich über die Bemerkung seiner Kollegin ärgerte. Und dann ärgerte er sich, dass er sich darüber ärgerte. Er schwieg.

„Übrigens, auf dem Grünstreifen zwischen Haupt-
bahnhof und Lindenplatz hat sich 'ne ganze Horde von
Radfahrern zusammengerottet. Ich muss mir jetzt mal
meine Begleiterin da rauspicken."

„Ihre Selbstbeschreibung im Chat lautete: Ende
fünfzig …"

„Weiß ich", unterbrach Koch die Instruktionen des
Chefs, „ich hab' meine Hausaufgaben schon gemacht,
Hans: eher klein, kräftig, aber sportlich, braune Haare,
leicht gewellt."

„Und ein Fahrrad mit Gepäck", ergänzte Sloboda.

„Ach wirklich? Ist ja auch praktisch, wenn man sich
zu einer Fahrradtour verabredet, was?"

Der Erste Hauptkommissar schluckte eine scharfe
Bemerkung herunter. „Können Sie sie denn überhaupt
identifizieren? Ich meine, Sie waren ja bei der Ver-
handlung gar nicht zugegen."

„Na ja …", sinnierte die Kommissarin, „das Fahn-
dungsfoto, das ihr mir aufs Handy gesendet habt, ist
ziemlich unscharf. Könntest auch du sein – mit 'ner
dunklen Perücke."

„Und ein Code-Wort wurde nicht vereinbart?"

„Mir wird schon was einfallen." Trude Koch wuch-
tete ihren Hintern auf den Sattel. Schon die wenigen
Kilometer zum Treffpunkt hatten sie wissen lassen,

welche Stellen an Po und Schenkeln als erste Probleme bereiten würden. Langsam rollte sie auf die Gruppe Radfahrer zu. Sie ließ ihren Blick über die Personen schweifen. Die meisten standen in kleinen Grüppchen neben ihren Rädern und schwatzten angeregt. Die Frau in der grünen Windjacke stand breitbeinig in dem Rahmen ihres Gefährts. Sie unterhielt sich mit niemandem. Ihre Augen waren verengt, suchend.

Die beiden Radfahrerinnen musterten sich gegenseitig. Prüfender Blick in das unbewegte Gesicht der anderen. Im Hintergrund die kupfergrünen Türmchen des Lübecker Hauptbahnhofs, deren Reflexion des Sonnenlichts in die Augen stach. Das Lösen der Gesichtsmuskeln erforderte Überwindung.

„Radtour?", fragte die eine.

„Radtour", entgegnete die andere.

„Ich bin Doris."

„Aha. Im Chat hast du dich anders genannt."

„Man muss vorsichtig sein."

„Stimmt – ich heiße Annegret. Sag einfach Anne zu mir."

„Hallo Anne."

„Moin Doris."

„Hattest du es weit bis hier?" Doris taxierte ihr Gegenüber.

„Äh – es geht so." Anne mochte nicht ausgefragt werden. Deshalb drehte sie den Spieß um: „Und? Was macht die Gesundheit deiner Großtante? Alles okay?"

„Meine Groß...? Ach, doch ja, der geht's ziemlich gut." Dann erst machte es klick: „Leider." Doris grinste vielsagend.

Anne lächelte bedeutungsvoll zurück. „Weißt du was? Wir fahren jetzt einfach los. Wir sind wohl beide etwas nervös, was ja auch nicht verwunderlich ist. Wir lernen uns erst mal ein bisschen kennen. Und die Sache – unsere Sache – besprechen wir dann später, heute Abend, wenn wir im Hotel sind. Einverstanden?"

„Gute Idee." Auch Doris war jetzt gelöster. „Hast du ein Hotel für heute Abend?"

„Lass uns doch mal sehen, wie weit wir kommen. Wir finden bestimmt was." Anne schaute auf die Leporello-Karte unter der Folie ihrer Lenkertasche. „Was denkst du? Wie weit fahren wir heute?"

Doris überlegte: „Vielleicht bis Scharbeutz?"

Anne blätterte in der Karte. „Das sind so ... ungefähr ... fünfunddreißig Kilometer." Sie seufzte und fasste sich an den Po. „Ich weiß nicht, was mein bestes Stück dazu sagt."

Doris lachte: „Das kenn' ich." Demonstrativ verzog sie ihr Gesicht. „Mal sehen, wie weit wir kommen. Vielleicht auch nur bis Travemünde oder Niendorf."

Die erste Prüfung bestand darin, den Lindenteller lebend zu überwinden. Dies gelang schiebend über zwei Fußgängerüberwege. Das mächtige Holstentor,

das den Eindruck erweckte, allmählich im moorigen Untergrund der Lübecker Altstadtinsel zu versinken, sahen sie kaum. Man musste mit Autofahrern rechnen, die nicht mit Fahrradfahrern rechneten. Dann links. An der Untertrave, auch Unterleib Lübecks genannt, auf der Höhe des Museumshafens, zwickte es bereits. Doris stellte sich für ein paar Meter in die Pedale. Linker Hand ein herrlicher Blick auf die „Lisa von Lübeck", einen Nachbau einer hanseatischen Kraweel, die gerade zum Auslaufen klarmachte.

Den Weg von der Hubbrücke zur Travemünder

Allee ließ sich Anne von einem auskunftsfreudigen älteren Herrn beschreiben. Das kostete einerseits zehn Minuten, erbrachte aber andererseits wohltuende Entlastung für den Damm. Vor der Weiterfahrt schlug sie mit der Faust auf das Vorderteil des Sattels, das zu hoch stand. Werkzeug hatte sie vergessen, aber der Hieb hatte geholfen.

„Schon besser", freute sie sich.

„Ist es noch weit?", feixte Doris.

Beide lachten. Die nächsten Kilometer verliefen geradlinig. Links Häuser oder Wald, rechts Autolärm. Aber der Radweg war gut asphaltiert und nur wenige Hubbel teilten sich dem Gesäß mit.

„Ach, wie herrlich es hier ist!", schwärmte Anne. Gerade hatten die beiden Frauen den Shuttlebus verlassen. Zunächst waren sie genervt gewesen, als der Radweg plötzlich an der Trave geendet hatte. Dann hatten sie den Bus erblickt, der sie und ihre Räder kostenlos durch den Herrentunnel gebracht hatte. Nach dem Ausstieg hatte sie der Fahrradwegweiser verwirrt, der mit „Shuttlebus Richtung Travemünde" beschriftet war und von der Haltestelle weggezeigt hatte.

„Aber vom Shuttle kommen wir doch gerade?"

„Machen wir doch erst mal eine Pause", hatte Anne

daraufhin vorgeschlagen, „und anschließend fragen wir wieder einen auskunftsfreudigen Herren."

Anne biss in einen Apfel, während Doris sich eine dick belegte Stulle aus der Packtasche pulte.

„Ist dein Mann sehr reich?", fragte Doris, nachdem sie abgebissen hatte.

„Mein Mann? Ach – äh – ja, ziemlich …" Annes Gesicht leuchtete ein wenig auf. „Nur ist er leider auch ein wenig – sagen wir mal: sparsam."

„Und du kommst aus Lübeck?" Ein Hauch von Skepsis schien Doris' Frage zu durchziehen.

„Ja, meine liebe Doris, ich bin aus Lübeck. Hast du daran vielleicht Zweifel?"

„Nein … Na ja, dass du überhaupt eine Karte brauchst …" Diese Bemerkung war ebenso breiig wie der Bissen, den Doris durch ihre Mundhöhle bewegte.

„Weißt du, Doris, ob ich nun aus Lübeck bin oder nicht – ich habe eben auch meine Vorsichtsmaßnahmen ergriffen. So wie du mit deinem Namen. Im Chat hast du dich Elke genannt.

„Elke? Ach ja. Stimmt. Hatte ich schon fast wieder vergessen."

„Also wollen wir einander doch ein wenig vertrauensvoller begegnen, ja? Immerhin haben wir uns doch gefunden, oder?" Anne schaute Doris mit einem offenen Lächeln ins Gesicht und nagte weiter an ihrem

Apfel.

„Du hast Recht. Ich bin halt etwas nervös." Doris schluckte herunter.

„Hör mal", versuchte jetzt Anne zu glätten, „wir haben doch beide unsere Last, die wir gern loswerden möchten, oder? – Wie heißt es doch so schön in der Bibel: ‚Einer trage des anderen Last ...'?" Für einen kurzen Moment sah sie aus wie Mutter Teresa.

„Gerade hast du ausgesehen wie Mutter Teresa."

„Und du", Anne zwinkerte Doris vielsagend zu, „du hast viele Jahre lang sogar gehandelt wie Mutter Teresa: die aufopferungsvolle und selbstlose Pflege deiner Großtante. Das ist ja nicht nichts!"

„Stimmt, die Pflegedienste sind schon sehr aufreibend. Aber – äh – so ganz für lau sollte das alles eigentlich nicht sein." Jetzt gab Doris ein süffisantes Zwinkern zurück.

„Und? Ist sie schon sehr alt?"

„Ja", Doris grinste Anne breit an, „sehr alt und sehr gesund."

„Und da komme dann wohl ich ins Spiel, nehme ich an?"

In dem Moment ertönte Doris' Handy. „Entschuldige, das könnte die Pflegerin meiner Tante sein." Doris klappte das Gerät auf und entfernte sich einige Meter.

„Ich muss auch noch jemanden ...", erwiderte Anne

und schaltete ihr Mobiltelefon ebenfalls ein.

„Sind jetzt in Kücknitz, haben gerade den Shuttle-Bus hinter uns gelassen", berichtete Trude Koch.

„Ist alles in Ordnung?" Der Erste Hauptkommissar klang besorgt.

„Es entwickelt sich."

„Gut. – Die Übertragung funktioniert übrigens gut."

„Noch ist ja nichts passiert", erwiderte die Polizistin.

„Nein. Diese Patrizia Brandner – wie nennt sie sich denn eigentlich?", wollte Hans Sloboda jetzt wissen. „Das konnten wir nicht genau hören."

Seine Gesprächspartnerin nannte ihm den Namen.

„Was ich vorhin vergessen hatte zu erwähnen", fuhr der Kommissar fort, „da Sie ja nun sozusagen an die Stelle der eigentlichen Komplizin von dieser Brandner getreten sind, haben Kolleginnen Jensen und Gross vorhin unauffällig Ausschau nach dieser Person gehalten."

„Und?"

„Leider nichts. Keine auffällige Person."

„War ja wohl auch nicht zu erwarten, oder? Die Frau wird ja nicht mit einem Schild um den Hals rumlaufen: Suche erfahrene Mörderin zwecks Opfertausch."

„Seien Sie bitte vorsichtig!" Sloboda legte auf.

Die beiden Frauen kamen ungefähr zur gleichen Zeit zu den Fahrrädern zurück.

Die Fahrt an der B 75 entlang und durch Lübeck-Kücknitz war landschaftlich nicht sehr erbaulich und bot wenig Ablenkung von den zunehmenden Sattelleiden. Endlich befanden sie sich jetzt auf der Landstraße nach Travemünde. Ivendorf hatten sie bereits hinter sich gelassen. In Rönnau, gegenüber vom Skandinavienkai, hielten sie an.

„Merkwürdig", sinnierte Anne, „laut Karte müsste es hier geradeaus gehen. Hier …", sie zeigte Doris die Karte, „wir sind jetzt genau hier, am Europaweg. Aber der Wegweiser Richtung Travemünde und Priwall zeigt nach links und geradeaus nach Teutendorf. Verstehst du das?"

„Hmh, ja, is' etwas komisch. Aber wir sollten uns nach dem Schild richten, denke ich. Die Leute vor Ort werden sich hier ja wohl auskennen, oder?" Doris unterstrich ihre Meinung, indem sie ihr Vorderrad nach links ruckelte.

Anne stimmte zu: „Also dem Schild Travemünde – Priwall nach!"

Für die Fahrt bis Teutendorf und wieder zurück bis zu dem falschen Wegweiser brauchten sie etwa fünfundvierzig Minuten und nochmals circa fünf Minuten für das gemeinschaftliche Fluchen über Bürgermeister, Verwaltungen und Tourismusdirektoren im Allgemeinen. Kurz hatten sie erwogen, über Warnsdorf nach Niendorf weiterzuradeln; aber die Frauen waren übereingekommen, in Travemünde eine ausgiebige Kaffeepause einzulegen. Außerdem wolle man ja auch das Brodtener Steilufer nicht versäumen. Als Doris zudem bemerkt hatte, dass man dort einen FKK-Strand passieren würde und vielleicht einige knackige Hintern zu Gesicht bekommen könnte, hatte Anne gekichert. Letzten Endes war dieses Argument ausschlaggebend gewesen.

Sonniger Frühsommertag. Über Travemündes Vorderreihe flanierten Hunderte, vielleicht Tausende. Dabei war weder Wochenende noch Ferienzeit. Durchdringendes Tuten eines Kreuzfahrers. Spatzen pickten Krümel. Gläserklirren. Leichtes Rauschen des Windes in den Baumkronen. Darunter, am Tisch einer Bäckerei, Anne und Doris, zwei Kriminelle. Beide sympathisch: Doris, wie sie ihren „scharfen Segler" verdrückte und zwischendurch einige Male vergnügt grunzte, und Anne mit ihrem Salat, die vollgepiekste Gabel vor dem Mund, die sie nicht reinschieben konnte, weil sie die ganze Zeit peinliche Geschichten von ihrem aufschneiderischen Mann erzählte. Lachen, in dem sich Spannung entlud.

„Sag doch selbst", schlussfolgerte Letztere, „die ganze Welt ist doch ohne ihn viel besser dran, oder?"

„Ohne ihn und ohne viele andere", pflichtete ihr Doris bei, „und insbesondere ohne meine Großtante."

Plötzlich hielt Anne inne. Sie wurde ernst: „Kann ich dir überhaupt trauen? Was weiß ich denn von dir?"

Auch Doris' Stimmung hatte sich urplötzlich gewandelt: „Und ich? Ich kenn' dich auch nicht." Das kalte Glitzern in Annes Augen gefiel ihr nicht.

Anne blickte sie unverwandt an: „Ich weiß ja nicht, ob du mich verpfeifst, sobald ich deine Tante ... Ich hätte dann deinen Job erledigt, und du hättest mich in der Hand ... Oder weigerst dich einfach ... Ich glaube, dann würde ich ..."

Wie aus einer anderen Welt schob sich der riesige Schiffsleib viel zu dicht am Ostpreußenkai vorbei. Doris spürte einen Schauder den Rücken hinunterlaufen. Sie sagte nichts. Plötzlich hatte sie einen Kloß im Hals.

„Du sagst ja nichts!"

„Ich ..." Schlucken ging auf einmal nicht mehr.

„Was sagst du dazu? Sag was!", insistierte Anne.

„Lass uns weiterfahren!"

Die Frauen passierten die Strandpromenade, die

Badestrände. Dort fanden sich nur noch Einzelne, Verwegene, denen die Kühle des Abends nichts auszumachen schien. Eine ältere Dame, mit langsamen Bewegungen Kälte und Widerstand des Wassers überwindend, tauchte in die stille Oberfläche der Ostsee ein. Unter dem Vorderrad knirschte der Schotterweg. Doris fuhr voran. Sie fühlte Anspannung. Spürte die andere Frau hinter sich. Hörte ihr Schweigen. Ein Ziehen zwischen den Schulterblättern. Anne kämpfte mit der Steigung, das Gesicht verdüstert von Gedanken. Der Rücken gekrümmt, Wunsch nach Befreiung. Ihr Blick fiel auf Doris vor ihr … Auf dem Golfplatz, den sie gerade passierten, ein einsamer Spieler, der in der Starre des soeben ausgeführten Schlages verweilte.

Der Weg führte dicht an der abbröckelnden Steilküste des Brodtener Ufers entlang, hoch über der Ostsee. An manchen Stellen war der Weg von einer wütenden See in die Tiefe gerissen worden. Pflöcke sicherten die Bruchstellen und leiteten über neue Wege, die in Felder gefräst worden waren. An manchen Stellen war die Natur der Verwaltung zuvorgekommen, hatte Ränder von Wegen angenagt, die noch nicht gesperrt worden waren. Anne bemerkte, wie die Frau vor ihr dicht am Steilhang fuhr. Zu dicht. Das merkwürdige Gefühl in der Zwerchfellgegend war keine Angst … Vor kurzem war hier jemand abgestürzt.

Doris hielt an und legte ihr Rad auf die Seite. Sie näherte sich dem Abgrund. Abendliches Zwielicht, die Ostsee tief unter ihr. Still, zu still. Kein Wind. Blick in die Ferne, ein Gefühl von Unendlichkeit. Nein: von Endlichkeit. Ihrer eigenen Endlichkeit. Leichter Schwindel, als sie nach unten schaute. Plötzlich Angst vor dem Fallen. Wieder das Ziehen zwischen den Schulterblättern, diesmal heftiger. Jäher, kalter Schweiß, als sie Atem hinter sich hörte.

Das Hotel Atlantic befand sich direkt an der Strandpromenade, schräg gegenüber vom Haus des Kurgastes. Eine violette Dämmerung färbte den Strand. Über der Ostsee schien sich ein Gewitter zusammenzubrauen. Einige Restaurantgäste saßen an den Tischen auf der Terrasse. In einer Ecke, etwas abseits von den anderen, unterhielten sich zwei Personen. Die eine trank ein großes Pils. Teile der üppigen Schaumkrone befanden sich in ihrem Gesicht, als sie das Glas absetzte. Die andere Person hatte ein Mineralwasser heruntergestürzt und nippte an einer Weinschorle. Vom freien Stuhl nahm sie sich ein weiteres Kissen und polsterte behutsam ihre wundgescheuerten Weichteile.

„Für einen kurzen Augenblick dachte ich wirklich, du wolltest mich …“ Der Humpen schwebte bewegungslos vor dem Mund. Doris schaute Anne prüfend an.

„Na ja, die Gelegenheit wäre günstig gewesen", erwiderte Anne. „Aber schließlich brauche ich dich noch!" Ein abgründiges Lächeln erschien auf ihrem Gesicht.

„Das hast du aber schön gesagt!" Doris lächelte sibyllinisch zurück.

Die beiden Frauen hatten die letzten Kilometer schweigend zurückgelegt. In Niendorf angekommen,

war Annes Fahrrad auf einer der glatten Stahlrampen am Ende eines Holzsteges weggerutscht und hatte sie umgerissen. Annes Sturz hatte ziemlich hässlich ausgesehen, hatte aber glücklicherweise keine Verletzungen nach sich gezogen. Lautstark hatte sie geflucht und dem Niendorfer Verwaltungsleiter eine krötendicke Warze an die Nase gewünscht. Nach dem Schrecken und der Anstrengung des Tages waren sie froh gewesen, dass sie im Atlantic ohne Schwierigkeiten zwei

Einzelzimmer mit herrlichem Blick auf die See bekommen hatten.

„So, wir sollten vielleicht jetzt die Einzelheiten besprechen", sagte Anne nun. Verstohlen blickte sie sich um. „Was denkst du?"

Doris schaute sich ebenfalls unauffällig um. Es waren nur wenige Gäste auf der Terrasse. Die meisten hatten sich anscheinend in Erwartung eines aufziehenden Unwetters in das Gebäude zurückgezogen. Einige Tische weiter hatte ein Pärchen offensichtlich an sich selbst genug und wenig Aufmerksamkeit für die Umgebung übrig. Dahinter eine Familie mit quengelnden Kindern. Auf der anderen Seite zwei nette ältere Damen, die sich eifrig unterhielten.

„Okay. Willst du anfangen?"

„Meinetwegen kannst du auch zuerst ..."

„Fang du mal ruhig an!"

„Also gut, dann will ich dir als erstes ..." Anne wurde unterbrochen. Das Essen wurde aufgetischt. Nach einigen Bissen fing Anne erneut an:

„Also, mein Mann ..." Sie beschrieb sein Äußeres, seine Charakterzüge, seine Vorzüge, die sich ausschließlich auf Äußerlichkeiten bezogen wie zum Beispiel Reichtum, und seine Schwächen, die er vor allem mit diesem finanzierte und rechtfertigte. Dann zeigte sie ihr ein Foto. „Das nimmst du am besten gleich an dich. Aber … danach", bei diesem Wort stockte sie, „musst du es sofort vernichten. Auf die Rückseite habe ich sicherheitshalber die Adresse und seine Personalien notiert." Sie schob das Bild zu Doris hinüber. „Das ist das Einzige, was uns miteinander in Verbindung bringen könnte."

Doris schaute es sich an und steckte es dann ein.

„Am zwanzigsten Juli starte ich eine zweiwöchige Bildungsreise in die Türkei", fuhr Anne fort. „So habe ich ein hundertprozentiges Alibi. Mein Mann hat in der Zeit einige wichtige Termine, so dass ich sicher bin, dass er zuhause bleiben muss. Falls er bei seiner Geliebten ist, was durchaus sein kann: Er kommt immer spätestens um zwei Uhr nach Hause. Ich glaube, er hat Angst, am nächsten Morgen ihr zerknittertes Gesicht zu sehen. Das würde ihn wohl abtörnen. Also weiter: Die Nacht auf den sechsundzwanzigsten Juli ist am günstigsten. Am folgenden Tag muss er früh raus. Aufsichtsratssitzung. Er nimmt vor solchen Terminen immer eine Schlaftablette. Du kommst genau um drei Uhr. Den Schlüssel findest du …"

Doris hörte aufmerksam zu, während Anne schilderte, wie sie unbemerkt ins Haus kommen könne, wo das Schlafzimmer sei und wo sie die vorbereitete Spritze finden werde. Als Anne fertig war, schaute sie Doris auffordernd an. Doris blickte ihr direkt in die

Augen. Sie seufzte einmal tief. Dann erhob sie sich, ging einen Schritt auf ihr Gegenüber zu und sagte in verändertem Tonfall:

„Ich bin Hauptkommissarin Trude Koch. Frau Patrizia Brandner, ich verhafte Sie wegen Anstiftung zum Mord an Ihrem Ehemann." Sie knöpfte ihre Jacke auf. Darunter kamen ein Mikrofon und ein Kabel zum Vorschein. „Außerdem wegen des Verdachts, Ihre beiden Ehemänner heimtückisch ermordet zu haben. Wir haben alles aufgezeichnet." Sie zog Handschellen aus ihrer Gürteltasche. „Alles, was Sie ab jetzt sagen …"

Anne starrte sie mit aufgerissenen Augen an. Ihr Mund stand offen. Die anderen Gäste hatten ihre Unterhaltungen unterbrochen und blickten neugierig herüber. „Du … Sie …", stammelte sie. Zuerst zuckte ihr linker Mundwinkel. Dann löste sich ein einzelner Atemstoß. Das Oval der aufgerissenen Augen flachte ab, um sich dann ganz zu Schlitzen zu verengen. Schließlich folgten weitere Atemstöße, die in eine Art Husten übergingen. Anne bog sich im Stuhl nach hinten. Dann schnellte sie nach vorn. Doris war vorbereitet. Sie spannte sich an. Annes Husten ging in ein Krächzen über. Tränen traten aus den Augenwinkeln. Anne schlug sich auf die Schenkel. Mit einem scharfen Zischen zog sie die Luft ein. Dann brach das Lachen aus ihr heraus.

Es dauerte einige Zeit, bis sie wieder sprechen konnte. Sie erhob sich ebenfalls, öffnete auch ihre Jacke und sprach, immer wieder unterbrochen von konvulsiven Zuckungen des Zwerchfells: „Elke Jessen, ich … verhafte … Sie wegen versuchter Anstiftung zur Tötung Ihrer Großtante aus niederen Beweggründen."

Jetzt war es Trude Koch, die steif und mit offenem Mund dastand.

„Ich heiße übrigens Gesine Sörensen." Um ihrer Kollegin aus der Erstarrung zu helfen, reichte sie ihr die Hand. „Ich bin Polizeihauptmeister von der Dienststelle Niebüll."

Einige Tische weiter hatten die beiden netten älteren Damen ihre Unterhaltung unterbrochen. Verstohlen blickten sie zu dem Spektakel herüber. Im ersten Moment waren sie erschreckt gewesen, hatten sich aber schnell wieder gefangen. Eine der Damen schob sich gerade einen kleinen Notizzettel in den Mund. Kauend nuschelte sie ihrer Partnerin zu: „Sicher ist sicher …"

Die andere grinste. „Ich habe alles genauestens abgespeichert." Sie tippte sich seitlich auf den Schädel. Dann umarmten sich die beiden Damen dezent.

„Es bleibt also bei unserer Abmachung, Elke?"

„Ja, natürlich, meine liebe Patrizia."

Die AutorInnen stellen sich vor:

Eva Almstädt

in Hamburg geboren und aufgewachsen, hat eine Ausbildung in den Fernsehproduktionsanstalten des Studio Hamburgs absolviert und in Hannover Innenarchitektur studiert. Sie ist Autorin einer Krimiserie über die Lübecker Kommissarin Pia Korittki, die mittlerweile in ihrem sechsten Fall „Ostseeblut" ermittelt. Eva Almstädt lebt mit ihrer Familie in Schleswig-Holstein, zwischen Hamburg und Lübeck.
www.eva-almstaedt.de

Ute Haese

geboren 1958, promovierte Politologin und Historikerin, war zunächst als Wissenschaftlerin tätig. Seit 1998 arbeitet sie als freie Autorin und widmet sich inzwischen ausschließlich der Belletristik im Krimi- und Satirebereich. Außerdem schreibt sie unter verschiedenen Pseudonymen sogenannte abgeschlossene

Liebesromane für die Yellow Press. Sie lebt mit ihrem Mann am Schönberger Strand bei Kiel.

www.prawitt-haese.de

Dorothea Kiausch
1942 in Westerstede/Niedersachsen geboren, wohnt seit 1975 mit ihrer Familie in Grömitz an der Ostsee. Nach einem schweren Verkehrsunfall ihres Mannes begann sie, Erlebnisse Erinnerungen und Beobachtungen aufzuschreiben. Seit 1995 schreibt sie in der Neustädter Schreibwerkstatt Kurzgeschichten und Gedichte. Seit 1999 veröffentlicht sie regelmäßig im Verlag am Eschbach/Markgräferland

Dietlind Kreber
geboren 1962 in Lippstadt/Westfalen; Diplom-Betriebswirtin. Ihre Kriminalgeschichten sind in zahlreichen Anthologien zu finden. Neben ihrer Arbeit als Schriftstellerin hat sie bereits zwei erfolgreiche Kurzgeschichtenbände herausgegeben, „Mörderische Ostsee" ist der dritte, weitere sollen folgen. Die Autorin lebt heute in der Lübecker Bucht.

www.dietlind-kreber.de

Dr. phil. Michael Mehrgardt

Jahrgang 1953, lebt mit Ehefrau und zwei seiner vier Kinder in Lübeck. Dort arbeitet er als Psychotherapeut in eigener Praxis. Neben wissenschaftlichen Veröffentlichungen zu philosophischen Fragen der Psychotherapie schreibt er Gedichte, Krimis, Theaterstücke und Kurzgeschichten. Die kleinen Ungereimtheiten des Alltags hat er unter seinem Pseudonym Achim Wiese in den Lübecker Nachrichten in der Rubrik „Echt wahr" beschrieben. In Anthologien wurden bisher einige Kurzgeschichten und Gedichte veröffentlicht. Sein erster Kriminalroman „Zwei auf einem Stuhl" erschien im Frühjahr 2007 im Herkules-Verlag, der zweite wurde unter dem Titel „gar.aus." im Juli 2010 vom Sutton-Verlag herausgebracht.

Renate Schley

Autorin/Übersetzerin für Englisch und Italienisch. Begann mit 17 Jahren zu schreiben. Seitdem fast 600 Romane für Lübbe, 10 Jugendbücher für den Engelbert Verlag (inzwischen Favorit Verlag, Rastatt), zwei Kurzgeschichtenbände, zahlreiche Kurzgeschichten und Gedichte für den Verlag am Eschbach. Die Autorin lebt heute in Neustadt an der Ostsee.

Petra Tessendorf

wurde in Wuppertal geboren und arbeitet seit 1995 als Journalistin für verschiedene regionale Medien und eine Tageszeitung. Im August erschien ihr erster Roman mit dem Titel „Der Wald steht schwarz und schweiget". Petra Tessendorf lebt seit einigen Jahren in Ostholstein und Hamburg.

www.petratessendorf.de

Platz für Ihre Notizen

Auf den folgenden Seiten möchten wir Ihnen die Möglichkeit geben, sich eigene Notizen zu den einzelnen Geschichten und den hierin genannten Orten zu machen. Ob es sich hierbei um eine von Ihnen geplante Besichtungungstour oder um den Termin für eine Tatortlesung oder ein anderes Veranstaltungsevent handelt, bleibt ganz Ihnen überlassen.

Grömitz

Brodau - Grömitz

Rettin - Neustadt

Pelzerhaken - Neustadt

Neustadt - Sierksdorf

Scharbeutz - Haffkrug

Timmendorfer Strand

Travemünde

Fahrradtour Lübeck - Niendorf

Danksagung

Wir möchten uns bei all denen bedanken, ohne die dieses Buch nicht in Ihren Händen liegen würde. Angefangen beim Lektorat über das Cover und die vielen wunderbaren Skizzen und Zeichnungen bis hin zu den Menschen und Institutionen, die uns so hilfreich unterstützt haben. Sie alle haben dazu beigetragen, aus dem ersten kriminellen Reiseführer für die Lübecker Bucht ein abwechslungsreiches Buch zu machen.

Schauen Sie doch mal wieder auf unseren Internetseiten vorbei und informieren Sie sich über unsere neuen Projekte.

Wir freuen uns auf Sie!